정리가 잘된

재무회계

(전산회계운용사 2급 필기)

김갑수 지음

멘토르스쿨

저자 약력

호서대학교 경영학과 졸업
단국대학교 경영대학원 졸업(경영학 석사)
중등학교2급 정교사(상업)
(현) 대명컴퓨터회계학원장
(현) 신성대학교 외래교수

저서

기초를 다지는 회계원리 입문, 멘토르스쿨
처음부터 시작하는 회계원리, 멘토르스쿨
전산회계운용사 3급 필기, 멘토르스쿨
전산회계운용사 3급 실기, 멘토르스쿨
정리가잘된 재무회계, 멘토르스쿨
정리가잘된 원가회계, 멘토르스쿨
전산회계운용사 2급 필기, 멘토르스쿨
전산회계운용사 2급 실기, 멘토르스쿨
ERP정보관리사 회계 2급 나눔A&T
ERP정보관리사 회계 1급 나눔A&T
ERP정보관리사 인사 2급 나눔A&T
ERP정보관리사 인사 1급 나눔A&T
ERP정보관리사 물류 2급 나눔A&T
ERP정보관리사 물류 1급 나눔A&T
ERP정보관리사 생산 2급 나눔A&T
ERP정보관리사 생산 1급 나눔A&T

2024 정리가 잘된 재무회계 (회계원리 2급)

11판 1쇄 발행 2024년 2월 28일

지은이 : 김갑수
펴낸이 : 김경용
펴낸곳 : 멘토르스쿨
표지디자인 : 김희정
편집디자인 : 황성철
등록 : 2011. 03. 02 제 321-2011-000042호
주소 : 서울시 관악구 대학동 546
미림여자정보과학고등학교 內 교내기업실
전화 : 02-876-6684
팩스 : 02-876-6683
내용문의 : kykim0432@hanmail.net

ISBN 979-11-89000-59-2 13000

가격 : 16,000원

http://www.mtrschool.co.kr

머리말

독일의 시인 괴테는

「**회계는 사람이 만들어 낸 최고의 발명이다.**」라고 말했다.

괴테가 감탄한 것도 무리는 아니다. 회계의 구조는 참으로 훌륭한 것이기 때문이다.

이 회계는 거대한 기업의 이익도 정확하게 계산할 뿐만 아니라

그 자세한 내용까지도 사진으로 찍은 것처럼 확실하게 표시해 준다.

회계에 조금이라도 관심이 있다면 이 책을 열심히 공부해 보라.

본서는 국가기술자격증인 전산회계운용사2급 필기와 국가공인 민간검정인 한국세무사회 전산세무·전산회계·기업회계와 한국생산성본부 ERP정보관리사(회계)이론 검정을 준비하는 분들을 위하여 다음과 같이 구성하였습니다.

- 각 단원별로 이론 설명, 기본문제, 검정문제를 수록하였습니다.
- 이론은 간단명료하게 문제는 다양하게 한국채택국제회계기준(K-IFRS)에 맞게 쉽게 풀어서 집필 하였습니다.
- 각 단원별로 멘토노트를 만들어 꼭! 암기하고 숙지해야 하는 것을 한눈에 알아볼 수 있도록 구성하였습니다.
- 정답과 명쾌한 해설을 수록 하였습니다.
- 기초를 다지는 회계원리와 처음부터 시작하는 **회계원리를 보고 재무회계**를 공부할 것을 강력하게 권합니다.

본서가 대한상공회의소에서 시행되는 전산회계운용사 2급 필기 검정에서 높은 점수를 희망하는 여러분께 좋은 지침서가 될 것을 확신하며 대학생들에게는 학점인정이 현재 18학점이나 인정해 주기 때문에 날로 그 수요가 증가할 것으로 봅니다. 아무쪼록 수험생여러분의 앞날에 합격의 영광이 있기를 기원합니다.

학습하는데 어려움이 없도록 구성하였으며 오류가 없도록 최선을 다했습니다만, 미처 발견하지 못한 오류나 오타는 정오표를 작성하여 http://www.mtrschool.co.kr[정오표]에 올려놓겠습니다. 부족한 부분은 수험생 여러분의 격려와 충고를 통해 계속하여 보완해 나갈 것을 약속드립니다.

끝으로 본 서적이 나올 수 있도록 많은 협조를 해주신 관계자 여러분께 감사드립니다.

김갑수 씀

▣ 2019년 주요 개정 내용

No.	개정 전	개정 후	실제 사용하는 계정과목
①	단 기 매 매 금 융 자 산	당기손익-공정가치측정 금융자산	당기손익 금융자산
②	매 도 가 능 금 융 자 산	기타포괄손익-공정가치측정 금융자산	기타포괄손익 금융자산
③	만 기 보 유 금 융 자 산	상각후원가측정 금융자산	상각후원가 금융자산
④	외 부 감 사 제 도 삭 제		

Contents

Contents

08 section 투자부동산

09 section 유형자산(K-IFRS 제1016호)

10 section 무형자산

11 section 부채

12 section 자본

13 section 수익과 비용

Contents

01

회계의 기초개념

1. 회계의 기초개념
2. 회계의 순환과정
3. 순손익계산
4. 우리나라 기업회계기준의 구조

section

01 회계의 기초개념

1. 회계의 기초개념

(1) 회계의 정의

회계(accounting)는 회계정보이용자가 합리적인 판단이나 의사결정을 할 수 있도록 기업실체에 관한 유용한 정보를 식별·측정·전달하는 과정이다. 여기서 측정이란 재무제표에 인식(재무제표 본문에 특정 계정명칭과 화폐금액으로 기록하는 것)되고 평가되어야 할 요소를 화폐금액으로 결정하는 과정이다.

(2) 재무회계의 목적

재무회계는 투자자(주주)나 채권자 등 기업의 **외부정보이용자에게 경제적 의사결정에 유용한 정보를 제공함을 목적**으로 하는 회계이다. 즉 재무회계의 목적은 재무제표를 작성함으로서 달성된다. 재무제표가 제공하는 정보는 다음과 같다.

재 무 제 표	제공하는 정보
재 무 상 태 표	**일정시점** 현재 기업이 보유하고 있는 자산과 부채 및 자본에 대한 정보를 제공한다.
포괄손익계산서	**일정기간** 동안 기업실체의 경영성과(재무성과)에 대한 정보를 제공한다.
현 금 흐 름 표	일정기간 동안 기업실체의 현금유입과 현금유출에 대한 정보를 제공한다.
자 본 변 동 표	일정기간 동안 자본의 크기와 변동에 관한 정보를 제공한다.
주 석	재무제표의 이해가능성을 높이는 정보를 제공한다.

(3) 회계의 역할

회계는 기업의 이해관계자들이 합리적인 의사결정을 할 수 있도록 유용한 정보를 제공해 주는 기능을 수행하는데, 기업의 이해관계자들이 자기의 이익을 위한 합리적인 의사결정을 하게 되면 사회 전체적으로도 가장 합리적인 결과를 가져올 수 있게 된다.

① **사회적 자원의 효율적 배분** : 사회적 자원은 희소하며 한정되어 있다. 따라서 어떤 사회에 있어서나 한정된 사회적 자원을 적절하게 배분하고, 이를 효과적으로 활동하는 것이 중요하다.

② **수탁책임에 관한 보고** : 오늘날 사회는 분업을 통하여 더욱 능률적으로 기능을 수행하고 있다. 자본을 가진 사람은 스스로 기업을 운영하지 않고 전문경영자에게 자기의 자본을 맡김으로써 사회 전체적으로 볼 때 능률적인 자본의 운영이 이루어질 수 있도록 한다.

③ **사회적 통제의 합리화** : 노사간의 임금협약이나 국가정책수립 등에 많이 활용되고 있다.

(4) 회계의 분류

① **재무회계** : 기업의 외부정보 이용자(거래처, 채권자, 투자자) 에게 유용한 회계정보를 제공하는 회계이다.

② **관리회계** : 기업의 내부정보 이용자(경영진, 종업원)에게 유용한 회계정보를 제공하는 회계이다.

③ **세무회계** : 기업의 과세 소득 산정과 정확한 세금 계산을 목적으로 하는 회계이다.

구 분	재 무 회 계	관 리 회 계
목 적	외부 보고 목적	내부 보고 목적
정 보 이 용 자	내·외부 정보 이용자	내부 정보 이용자
정 보 제 공 수 단	재무제표	일정한 서식 없음
정 보 지 향 시 점	과거 지향적	미래 지향적
정 보 의 중 점	신뢰성, 객관성	목적 적합성
정 보 의 준 거 기 준	기업회계기준서	일반적인 준거 기준 없음
정 보 의 보 고 주 기	정기	수시

(5) 회계단위(회계범위)

회계에서 기업의 자산, 부채, 자본의 증감 변화를 기록, 계산하기 위한 장소적 범위로 한 기업에 하나의 회계단위가 원칙이지만 영업상 본점과 지점, 본사와 공장으로 구별할 수도 있다.

(6) 회계연도(회계기간)

기업의 재무상태와 재무성과를 기록·계산하기 위하여 인위적으로 구분한 기간적(시간적) 범위을 말하며, 상법상 1년을 초과하지 못하도록 규정하고 있다.

(7) 자산, 부채, 자본, 수익, 비용

구 분	내 용
자 산	기업이 보유하고 있는 재화(현금, 상품, 건물, 비품 등)와 채권(외상매출금, 받을어음, 대여금, 미수금 등)으로 금전적 가치가 있는 것
부 채	기업이 갚아야 할 채무(외상매입금, 지급어음, 차입금, 미지급금 등)
자 본	자산에서 부채를 차감한 잔액(자본금)
수 익	일정기간동안 영업활동의 결과로서 획득하거나 실현한 금액(매출액, 임대료, 이자수익 등)
비 용	일정기간동안 수익을 얻기 위해 지출하거나 발생한 금액(매출원가, 급여, 광고선전비, 임차료, 감가상각비, 이자비용 등)

(8) 거래(transactions)

기업의 경영활동에 의하여 자산, 부채, 자본의 증감변화를 가져오는 일체의 경제적사건을 거래라 한다.

① **회계상 거래** : 회계상 자산, 부채, 자본의 증감 변화를 가져오는 모든 사항을 거래라 한다. 즉, 파손, 도난, 화재, 감가상각등도 회계상 거래에 해당한다.

② **회계상 거래가 아닌 것** : 회계상 자산, 부채, 자본의 소유권이전이 없는 모든 사항은 거래가 아니다. 즉, 상품의 주문, 고용계약이나 임대차계약, 약속, 상품의 보관 등은 거래가 아니다.

거래의 이중성과 대차평균의 원리

복식부기에서는 하나의 거래가 발생하면 반드시 **차변요소와 대변요소**의 결합이 같은 금액으로 이루어 지는 것을 "**거래의 이중성**"이라 하고, 그 결과 계정 전체적으로 보면 **차변합계금액과 대변합계금액**은 반드시 일치하는데, 이를 "**대차 평균의 원리**"라 한다. 즉 거래의 이중성에 의해 대차평균의원리가 성립되며, 복식부기의 장점인 자기검증기능(자기통제기능)이 실현되는 것이다.

(9) 거래의 결합관계(거래의 8요소)

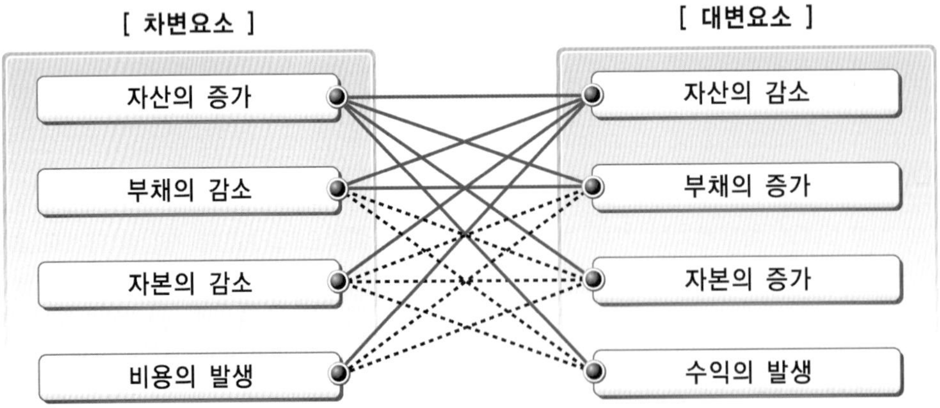

2. 회계의 순환과정

기업의 회계 순환과정은 회계의 측정과 전달 그리고 보고가 매기 반복되는 과정이다.

(1) 장부

장부
- 주요부 : 분개장, 총계정원장
- 보조부
  - 보조원장 : 상품재고장, 매출처원장, 매입처원장
  - 보조기입장 : 현금출납장, 당좌예금출납장, 매입장, 매출장, 받을어음기입장, 지급어음기입장

(2) 시산표

① 시산표(trial balance ; T/B)의 뜻

대차평균의 원리에 의하여 거래가 총계정원장 각 계정계좌에 전기가 정확한가를 검증하기 위하여 작성하는 집계표를 시산표라고 한다. 즉 한변의 금액오류를 시산표에서 찾을 수 있다.

② 시산표의 종류

시산표는 작성방법에 따라 합계시산표, 잔액시산표, 합계잔액시산표로 구분한다.

시산표 등식	기말자산 + 총비용 = 기말부채 + 기초자본 + 총수익

잔 액 시 산 표

기 말 자 산	300	기 말 부 채	100
		기 초 자 본	100
		총 수 익	200
총 비 용	100		

시산표에서 찾을 수 없는 오류

- 거래 전체의 분개 또는 전기 누락
- 어떤 거래를 이중으로 분개하거나 전기한 경우
- 차·대변에 다같이 틀린 금액으로 동일하게 분개 또는 전기한 경우
- 오류가 우연히 상계된 경우

(3) 회계의 순환과정

거 래 ➜ 분개장 ➜ 총계정원장 ➜ 시산표 및 재고조사표작성 ➜ 결산의 본절차
(분개) (전기) (결산의 예비절차)

➜ 재무제표작성의 과정으로 이루어진다.

분개 : 어느 계정과목에 얼마를 어느 변에 기입할 것인가를 결정하는 것이다.

전기 : 분개장에서 총계정원장으로 옮겨 기입하는 것을 말한다.

(4) 결산절차

① 결산의 예비절차

㉮ 시산표 작성

㉯ 재고조사표작성(기말결산정리분개)

㉰ 정산표작성

② 결산의 본절차

㉮ 총계정원장의 마감

㉠ 수익, 비용계정(포괄손익계산서계정)을 손익계정으로 마감한다.

㉡ 손익계정을 미처분이익잉여금(또는 미처리결손금)계정으로 마감한다.

㉢ 자산, 부채, 자본계정(재무상태표계정)을 차기이월로 마감하고 이월시산표를 작성한다.

㉯ 분개장 및 기타장부 마감

③ 결산보고서(재무제표) 작성절차

㉮ 재무상태표

㉯ 포괄손익계산서

㉰ 현금흐름표

㉱ 자본변동표

㉲ 주석

3. 순손익계산

기업의 일정기간 영업활동의 결과인 순이익이나 순손실을 계산하는 것을 순손익계산이라 하며 순손익을 계산하는 방법에는 재산법과 손익법이 있다.

① **기초자본등식** : 기초자산 - 기초부채 = 기초자본

② **기말자본등식** : 기말자산 - 기말부채 = 기말자본

③ **손 익 법** : 총수익 - 총비용 = 순손익

④ **재 산 법** : 기말자본 - (기초자본 + 추가출자 - 인출액) = 순손익

4. 우리나라 기업회계기준의 구조

기업회계기준	적용 범위와 효력
한국채택 국제회계기준(K-IFRS)	'주식회사의 외부 감사에 관한 법률'을 적용대상기업 중 주권 상장법인과 이를 자발적으로 선택한 기업
일반 기업회계기준	'한국채택국제회계기준'을 적용하지 않는 비상장 기업
특수분야 회계기준	관련 기준서에서 별도로 정하는 기업

멘토노트

✔ **재무회계** : 외부용

✔ **관리회계** : 내부용

✔ **거래의 결합관계**
① 차변요소 : 자산의 증가, 부채의 감소, 자본의 감소, 비용의 발생
② 대변요소 : 자산의 감소, 부채의 증가, 자본의 증가, 수익의 발생

기본문제

section 01

01. 다음 보기에서 내부정보이용자는 '내' 외부정보이용자는 '외'를 (   )안에 써 넣으시오.

(1) 거래처……………… (   )　(2) 경영진…………… (   )　(3) 채권자…………… (   )
(4) 투자자(주주)……… (   )　(5) 종업원…………… (   )　(6) 정부………………… (   )

02. K-IFRS에 의한 재무제표의 종류를 쓰시오.

(1) ____________　(2) ____________　(3) ____________
(4) ____________　(5) ____________

03. 다음 설명을 읽고 옳은 것은 O표 틀린 것은 ×표를 (   )안에 표기 하시오.

(1) 회계는 회계정보이용자가 합리적인 판단이나 의사결정을 할 수 있도록 기업실체에 관한 유용한 정보를 식별·측정·전달하는 과정이다.…………………………………………………… (   )

(2) 재무회계의 목적은 재무제표를 작성함으로써 달성된다.……………………………………… (   )

(3) 재무상태표는 일정기간 기업의 재무성과에 대한 정보를 제공한다.………………………… (   )

(4) 회계를 정보이용자에 따라 분류하면 외부보고 목적의 관리회계와 내부보고목적의 재무회계로 구분한다.……………………………………………………………………………… (   )

(5) 재무회계는 과거지향적(신뢰성)이고, 관리회계는 미래지향적인(목적적합성) 회계이다. (   )

(6) 회계에서 기업의 자산·부채·자본의 변화를 기록하기위한 장소적범위를 회계단위라하고, 기간적범위를 회계연도라 한다.………………………………………………………………… (   )

(7) 회계의 주체는 기업이다.…………………………………………………………………………… (   )

(8) 우리나라는 모든 기업이 1월1일부터 12월 31일까지를 회계기간으로 정하고 있다.…… (   )

(9) 자산·부채·자본의 증감변화를 가져오는 모든 경제적 사건을 회계상 거래라 한다.…… (   )

(10) 우리나라의 기업회계기준은 한국채택국제회계기준, 일반기업회계기준, 특수분야 회계기준으로 구성되어 있다.………………………………………………………………… (   )

검정문제

01. 다음 중 회계의 궁극적인 목적으로 가장 적합한 것은?

① 기업 내에서 일어나는 모든 거래 사실을 기록, 분류, 요약한다.
② 기업의 모든 이해관계자에게 의사결정을 위한 유용한 회계정보를 제공한다.
③ 기업이 자금조달을 원활히 할 수 있도록 채권자에게 경영상황을 보고한다.
④ 기업의 소유주인 주주를 위해 기업의 경제적 사실을 화폐로 측정하여 보고한다.

02. 다음 중 재무제표 요소들에 대한 설명으로 잘못된 것은?

① 자산 : 미래의 용역잠재력을 나타내는 것으로 경제적 가치가 있는 자원이다.
② 부채 : 과거의 거래나 사건의 결과로 인하여 특정실체가 다른 실체에게 자산 또는 용역을 이전하여야 하는 의무이다.
③ 수익 : 주요 경영활동으로서 재화의 생산, 판매, 용역의 제공 등에 따른 경제적 효익의 유출 또는 소비를 말한다.
④ 비용 : 재화의 생산, 판매, 용역의 제공 등에 따른 자산의 유출이나 감소 또는 부채의 증가이다.

03. 회계상 거래는 적어도 두 가지 이상의 계정에 영향을 미치게 되는 현상을 무엇이라고 하는가?

① 거래의 이중성
② 단식부기
③ 대차평균의 원리
④ 발생주의

04. 다음 사항 중 회계상의 거래에 포함되지 않는 것은?

① 진열장에 진열된 상품이 변질 되었다.
② 상품을 판매하고 대금을 받지 않았다.
③ 거래처로부터 상품을 구입하기로 계약하였다.
④ 건물이 장마에 침수되어 일부 파손되었다.

05. 다음 중 회계상 거래에 해당되는 것은? (단, 거래금액 표시는 생략함)

① 원재료를 장기간 공급받기로 계약하다.
② 유능한 영업부장을 영입하다.
③ 인천에 새로운 영업소 사무실을 임차하기로 결정하다.
④ 종업원의 급여 중 일부만 지급하다.

06. 다음 거래를 회계처리할 경우 (주)현대기업의 재무상태에 미치는 영향으로 옳은 것은?

(주)현대기업은 2012년 12월 중 종업원에 대한 급여 ₩100,000을 지급하면서 소득세 ₩20,000을 원천징수하고 잔액을 현금으로 지급하였다.

① 자산 감소, 부채 감소
② 자산 감소, 부채 증가
③ 자산 증가, 부채 감소
④ 자산 증가, 부채 증가

07. 다음 거래에 대한 요소의 결합관계를 나타낸 것으로 옳은 것은?

(주)대한상사는 차입금 ₩1,000,000과 그 이자 ₩120,000을 현금으로 지급했다.

① (차) 부채의 감소 비용의 발생	(대) 자산의 감소
② (차) 자산의 증가 비용의 발생	(대) 자산의 감소
③ (차) 자산의 증가	(대) 부채의 증가 수익의 발생
④ (차) 자산의 증가	(대) 자산의 감소 수익의 발생

08. 다음 중 시산표를 작성하게 되면 발견할 수 있는 오류는?

① 외상매출금 현금 회수액 ₩100,000을 현금계정 차변에 ₩100,000으로 전기하고, 외상매출금계정 대변에는 ₩10,000으로 전기한 경우
② 단기대여금으로 분개해야 할 것은 장기대여금으로 분개한 경우
③ 외상매출에 대한 분개시 외상매출금과 매출 계정을 모두 실제 금액보다 10배 많은 금액으로 기록한 경우
④ 분개를 한 후에 전기를 하지 않은 경우

09. 다음 중 오류검증 과정에서 시산표 작성 시에 발견할 수 있는 오류로 옳은 것은?

① 급여 ₩1,000을 현금 지급한 것을 이중으로 두 번 기재하고 전기하였다.
② 상품 외상대금 ₩180,000을 미지급금 ₩180,000으로 잘못 처리하였다.
③ 현금을 보통예금계좌에서 ₩200,000으로 예입한 것을 당좌예금계정으로 잘못 처리 하였다.
④ 소모품 구입 후 차변에 소모품 ₩50,000로 처리하였으나 대변에 ₩500,000으로 처리하였다.

10. 다음 중 시산표에서 발견할 수 있는 오류는?

① 두개의 오류가 우연히 상계되었을 때
② 차변에 전기할 것을 대변에 전기하였을 때
③ 하나의 분개를 두 번 전기하였을 때
④ 차변과목과 대변과목을 반대로 전기하였을 때

11. 상품을 외상매입하고 분개장에서 원장으로 전기하면서 상품계정의 차변과 외상매입금계정의 차변에 동일한 금액을 전기하였다. 다른 거래의 전기는 모두 옳게 되었으며, 자산계정의 잔액은 차변에, 부채계정의 잔액은 대변에 남았다고 가정하면 잔액시산표를 작성했을 때 나타나는 오류는 다음 중 어느 것인가?

① 부채가 과대계상됨
② 부채가 과소계상됨
③ 자산이 과대계상됨
④ 자산이 과소계상됨

12. 다음은 회계정보의 순환과정과 관련된 내용들이다. 그 내용이 맞지 않는 것은?

① 거래의 인식에서부터 출발하여, 분개, 전기, 결산 등의 과정을 통해 재무제표가 작성된다.

② 거래의 이중성이란 모든 거래는 자산/부채/자본에 변화를 초래하는 원인과 결과라는 두 가지 속성이 함께 포함되어 있다는 것을 의미한다.

③ 분개란 거래를 인식해서 기록하는 것을 말하며 모든 회계정보 생산의 기초가 된다.

④ 전기절차는 계정과목결정, 금액결정, 차/대변결정 등의 순서로 이루어진다.

13. 회계순환과정에서 전산회계시스템에 의하여 자동적으로 수행할 수 없는 과정은 무엇인가?

① 수정전시산표의 작성　　② 수정사항의 분개

③ 수정후시산표의 작성　　④ 적절한 마감분개

14. 다음의 설명 중 옳지 않은 것은? (단, 기중에 추가적인 출자(증자)나 자본의 인출(감자)은 없는 것으로 한다.)

① 재산법이란 기말자본과 기초자본을 비교하여 당기순손익을 산출하는 방법을 말한다.

② 기말자본이 기초자본보다 더 많으면 당기순손실이 되고, 기말자본이 기초자본보다 더 적으면 당기순이익이다.

③ 기말자본이 기초자본보다 더 많으면 당기순이익이 되고, 기말자본이 기초자본보다 더 적으면 당기순손실이다.

④ 재산법이란 손익법과 같이 당기순손익을 계산하는 방법 중의 하나이다.

15. 다음은 회계의 수식을 나타낸 것이다. 적절하지 않은 것은?

① 재무상태표 등식 : 자산 = 부채 + 자본

② 손익법 : 수익 - 비용 = 순이익(△순손실)

③ 잔액시산표 등식 : 기말자산 + 총비용 = 기말부채 + 기말자본 + 총수익

④ 매출원가 : 기초상품재고액 + 당기순매입액 - 기말상품재고액 = 매출원가

02

현금 및 현금성자산

02 section 현금 및 현금성자산

1. 자산의 뜻과 종류

자산은 과거의 거래나 사건의 결과로서 현재 기업실체에 의해 지배되고 미래에 경제적 효익을 창출할 것으로 기대되는 자원으로 보고기간 말(결산일)로부터 1년 또는 정상적인 영업주기이내에 현금화되는 유동자산과 보고기간 말(결산일)로부터 1년 또는 정상적인 영업주기이내에 현금화 할 목적이 없는 비유동자산으로 분류한다.

자 산	유 동 자 산	현금 및 현금성자산, 매출채권 및 기타채권, 기타단기금융자산, 재고자산, 기타유동자산
	비유동자산	장기대여금 및 장기수취채권, 기타장기금융자산, 투자부동산, 유형자산, 무형자산, 기타비유동자산

자산의 종류	내 용
(1) 현 금	통화 및 통화대용 증권
(2) 당 좌 예 금	당좌수표를 발행할 수 있는 예금
(3) 보 통 예 금	수시로 입금이나 출금이 가능한 예금
(4) 현 금 성 자 산	취득시 만기나 상환기일이 3개월이내의 금융상품이나, 유가증권
(5) 외 상 매 출 금	상품이나 제품을 외상으로 매출한 경우의 채권
(6) 받 을 어 음	상품·제품·외상매출금 값으로 어음을 받은 경우의 채권
(7) 단 기 대 여 금	보고기간말(결산일)로부터 1년 이내 회수 조건으로 금전을 빌려준 것
(8) 미 수 금	상품이나 제품 이외의 물품을 외상으로 처분
(9) 단 기 금 융 상 품	만기가 보고기간말(결산일)로부터 1년 이내인 정기예금, 정기적금, 양도성예금증서
(10) 당기손익금융자산	매수와 매도가 적극적이고, 빈번하게 이루어지는 국채·사채·공채·주식 등을 구입한 경우
(11) 선 급 금	상품이나 원재료의 계약금(착수금)을 지급
(12) 선 급 비 용	비용을 먼저 준 것
(13) 미 수 수 익	수익을 못 받은 것
(14) 상 품	판매를 목적으로 매입한 물품
(15) 저장품(소모품)	사무용품등의 미사용액
(16) 상각후원가금융자산	만기가 확정된 채무증권(국채, 사채, 공채등)으로서 상환금액이 확정되었거나 확정이 가능한 채무증권을 만기까지 보유할 적극적인 의도와 능력이 있는 경우을 말한다.
(17) 기타포괄손익금융자산	당기손익금융자산이나, 상각후원가금융자산으로 분류되지 아니하는 금융상품
(18) 투 자 부 동 산	임대수익이나 시세차익을 얻기 위하여 보유하고 있는 토지나 건물 같은 부동산을 말한다.
(19) 건 물	영업용 사무실, 창고, 기숙사, 공장 등
(20) 기 계 장 치	기계장치·운송설비(콘베어, 호이스트, 기중기 등)와 기타의 부속설비 등
(21) 구 축 물	교량, 궤도, 갱도, 정원설비 및 기타의 토목설비 또는 공작물 등
(22) 토 지	영업용으로 구입한 땅
(23) 차 량 운 반 구	영업용으로 구입한 화물차, 승합차, 승용차, 지게차, 오토바이 등
(24) 비 품	영업용으로 구입한 책상·의자, 컴퓨터·복사기 등

2. 유동자산의 분류

유동자산은 보고기간 말(결산일)로부터 1년 또는 정상적인 영업주기이내에 현금화되는 자산으로 다음과 같이 분류한다.

구 분	종 류
① 현금 및 현금성자산	현금, 당좌예금, 보통예금, 현금성자산
② 매출채권 및 기타채권	매출채권(외상매출금, 받을어음), 기타채권(단기대여금, 미수금)
③ 기타단기금융자산	단기금융상품, 당기손익금융자산
④ 재고자산	상품, 저장품(소모품), 원재료, 재공품, 반제품, 제품
⑤ 기타유동자산	선급금, 선급비용, 미수수익, 이연법인세자산(유동자산에 속하는 것)

3. 현금 및 현금성자산

현금, 당좌예금, 보통예금, 현금성자산을 묶어서 현금 및 현금성자산이라 한다.

(1) 현금

기업이 보유하고 있는 자산 중 유동성이 가장 높고 교환의 매개수단이며 가치의 측정기준 되는 것으로 통화와 통화대용증권을 현금이라고 한다.

① 통화	지폐, 주화(동전)
② 통화대용증권	타인(동점)발행수표, 자기앞수표, 여행자수표, 가계수표, 송금수표, 우편환증서, 전신환증서, 배당금지급통지서, 공·사채만기이자표, 국고송금통지서 등

(2) 현금과부족

현금의 실제잔액과 장부잔액이 일치하지 않는 경우 원인이 판명될 때까지 일시적으로 처리하는 임시가계정이다.

① 현금부족시 (장부잔액 〉 실제잔액)

구 분	차 변		대 변	
㉠ 현금 부족시 (장부 〉 실제)	현금과부족	10,000	현금	10,000
㉡ 원인 판명시	(임차료)	7,000	현금과부족	7,000
㉢ 결산시 까지 원인 불명	잡손실	3,000	현금과부족	3,000
㉣ 결산시 부족액을 발견한 경우	잡손실	10,000	현금	10,000

② 현금과잉시 (장부잔액 〈 실제잔액)

구 분	차 변		대 변	
㉠ 현금 과잉시 (장부 〈 실제)	현 금	10,000	현 금 과 부 족	10,000
㉡ 원인 판명시	현 금 과 부 족	7,000	(임 대 료)	7,000
㉢ 결산시 까지 원인 불명	현 금 과 부 족	3,000	잡 이 익	3,000
㉣ 결산시 과잉액을 발견한 경우	현 금	10,000	잡 이 익	10,000

(2) 당좌예금

기업이 은행과 당좌거래계약을 맺고 현금을 예입하였다가 필요에 따라 당좌수표를 발행하여 사용할 수 있는 예금이다.

(3) 당좌차월(단기차입금)

수표의 발행은 당좌예금범위 내에서 행해지는 것이 원칙이지만 은행과 계약에 의하여 당좌예금 한도를 초과하여 수표를 발행하는 제도를 당좌차월이라 하며, 당좌차월은 재무상태표에 단기차입금으로 표시한다.

구 분	차 변		대 변	
당좌수표 발행시 (당좌예금잔액 ₩10,000)	매 입	15,000	당 좌 예 금 당좌차월(단기차입금)	10,000 5,000
당좌예입 하면 (당좌차월잔액 ₩5,000)	당좌차월(단기차입금) 당 좌 예 금	5,000 15,000	매 출	20,000

(4) 보통예금

예금거래의 금액, 기간, 인출 등에 제한 없이 입금과 출금이 가능한 예금이다.

(5) 현금성자산

큰 거래 비용 없이 현금으로 전환이 용이하고 이자율 변동에 따른 가치변동의 위험이 중요하지 않은 유가증권 및 단기금융상품으로 취득당시 만기(또는 상환일)가 3개월 이내에 도래하는 것을 말한다.

현금성자산의 예

① 취득당시 만기가 3개월 이내에 도래하는 채권(공채, 사채, 정기예금, 정기적금)
② 취득당시 상환일 까지 기간이 3개월 이내인 상환우선주
③ 취득당시 환매조건이 3개월 이내의 환매채(환매조건부 채권)
④ 투자신탁 계약기간이 3개월 이내의 초단기 수익증권

4. 선일자수표

선일자수표는 실제 발행한 날 이후의 일자를 수표상의 발행일자로 하여 수표상의 발행일에 지급할 것을 약속하는 증서이다. 즉 수표에 기재된 발행일자 이전에 현실적으로 발행되어 있는 수표를 말한다. 이와 같이 미래의 일자로 발행되는 선일자수표를 선수표(先手票) 또는 연수표(延手票)라고도 한다. 선일자수표를 수취한 경우에는 일반적 상거래에서 발생된 것이면 매출채권(받을어음)에 포함시킨다.

구 분	차 변		대 변	
선일자수표 발행시	매입	10,000	지급어음	10,000
선일자수표 수취시	받을어음	10,000	매출	10,000

5. 은행계정조정표

당좌예금 잔액은 회사측의 장부금액과 은행측의 장부금액이 일치하여야 하는데 시간적 차이로 인하여 은행측 장부잔액과 회사측 장부잔액이 일치하지 않는 원인을 규명하기 위하여 작성한다.

은 행 계 정 조 정 표

은행잔액증명서 잔액	×××	회사 당좌예금계정 잔액	×××
은행 미기입예금	(+) ××	어음추심입금 미통지	(+) ××
발행수표미지급액	(−) ××	예입 미통지	(+) ××
은행장부오기	(±) ××	미통지된 은행수수료	(−) ××
		회사장부오기	(±) ××
조정후잔액	×××	조정후잔액	×××

① 은행계정조정표는 미기장한 곳이나 오기한 측에서 기장한다.

② 분개는 회사측 미기장이나 오기한 것만 한다.

- **소액현금제도** : 금액이 적은 잡다한 비용의 지출을 원활하게 한다.
- 분개는 개별계정인 현금, 당좌예금, 보통예금, 현금성자산 등으로 표시하고, 재무상태표에는 통합계정인 현금 및 현금성자산으로 표시한다.
- 수표가 부도나면 부도수표(매출채권)계정에 대체 한다.
- 차용증서, 선일자수표, 수입인지, 엽서, 우표, 부도수표, 부도어음 등은 현금 및 현금성자산으로 보지 않는다.

멘토노트

• 현금 및 현금성자산 : 현금, 당좌예금, 보통예금, 현금성자산(3개월)

기본문제

section 02

1. 다음 거래를 분개하시오.

(1) 본사 당좌예금계좌의 잔액부족에 대비하여 본사의 보통예금계좌에서 당좌예금계좌로 ₩300,000을 계좌이체 하였다.

(2) 개나리상사로부터 외상매출금 ₩300,000을 다음과 같이 회수하였다.

•개나리상사 발행 수표	₩50,000	•자기앞수표	₩50,000
•당점발행당좌수표	₩100,000	•선일자수표	₩100,000

(3) (주)대한에 상품 ₩50,000을 매입하고 당좌수표를 발행하여 지급하다.
(단, 거래은행과 당좌차월계약은 맺어져 있으며 현재 당좌예금잔액은 ₩30,000있다.)

(4) (주)상공상사에 상품 ₩70,000을 매출하고, 대금은 당점 당좌예금계좌로 송금 받았다.
(단, 당좌차월잔액 ₩20,000이 있다.)

(5) 거래처 아산상사의 외상매출금 ₩60,000을 90일 후 선일자수표로 회수하다.

(6) 거래처 천안상사의 외상매입금 ₩60,000을 90일 후 선일자수표를 발행하여 지급하다.

(7) 당좌예입한 거래처 발행수표 ₩100,000이 부도되어 당점 당좌예금에서 차감하였다는 통지를 거래은행으로부터 받다.

(8) 환매조건이 90일인 환매체 ₩500,000을 현금으로 매입하다.

NO	차변과목	금 액	대변과목	금 액
(1)				
(2)				
(3)				
(4)				
(5)				
(6)				
(7)				
(8)				

2. 다음 자료에 의하여 아래의 물음에 답하시오.

– 지폐	₩400,000	– 타인발행수표	₩300,000
– 자기앞수표	₩100,000	– 당좌예금	₩500,000
– 정기예금(만기가 6개월 남음)	₩200,000		
– 단기자금운용목적으로 보유한 주식	₩600,000		

(1) 현금계정 잔액은 얼마인가? 답 : ₩

(2) 현금 및 현금성자산계정 잔액은 얼마인가? 답 : ₩

3. (주)한라의 다음 자료에 의하여 은행계정조정표를 작성하고 누락 및 오류에 관한 정정분개를 하시오.

(1) 20×1년 6월 30일 은행 잔액증명서 잔액 ₩588,000

(2) 20×1년 6월 30일 당좌예금 계정 잔액 ₩500,000

(3) 불일치 원인

① 기발행 미인출수표 ₩30,000

② 타사의 입금액을 (주)한라계좌에 입금 ₩20,000

③ 은행의 미기입예금 ₩10,000

④ 미통보된 은행의 어음추심액 ₩50,000

⑤ 동 어음추심에 대한 수수료 ₩2,000

은 행 계 정 조 정 표

20×1년 6월 30일

은행 잔액증명서잔액		회사 당좌예금계정 잔액	
가산 :		가산 :	
차감 :		차감 :	
조정 후 잔액		조정 후 잔액	

NO	차변과목	금 액	대변과목	금 액
(1)				
(2)				

4. 다음 자료에 의하여 아래의 물음에 답하시오.

– 부도수표	₩710,000	– 가계수표	₩350,000
– 자기앞수표	₩500,000	– 우편환증서	₩300,000
– 만기된 받을 어음	₩500,000		
– 취득시 만기 3개월 이내의 채권	₩100,000		
– 만기 1년 이내의 정기예금	₩200,000		
– 만기 1년 이내의 양도성 예금증서	₩130,000		

(1) 현금계정 잔액은 얼마인가? 답 :

(2) 현금 및 현금성자산계정 잔액은 얼마인가? 답 :

5. 다음은 은행예금과 관련된 자료이다. 은행계정조정표를 작성하고 필요한 정정분개를 하시오.

(1) 20×1년 6월 30일 은행 잔액증명서 잔액 ₩90,000

(2) 20×1년 6월 30일 회사장부 잔액 ₩100,000

(3) 불일치 원인

① 기발행 은행미인출수표 ₩10,000

② 외상매출금 입금 중 회사의 미기록액 ₩15,000

③ 6월 30일 오후 늦게 예입을 했으나 은행에서 다음날 예입한 것 ₩30,000

④ 당좌차월이자 회사 미기록액 ₩5,000

<u>은 행 계 정 조 정 표</u>

20×1년 6월 30일

은행 잔액증명서잔액	회사 당좌예금계정 잔액
가산 :	가산 :
차감 :	차감 :
조정 후 잔액	조정 후 잔액

NO	차변과목	금 액	대변과목	금 액
(1)				
(2)				

01. 다음 중 현금 및 현금성자산에 포함시킬 수 없는 것은?

① 공사채의 만기이자표
② 양도성 예금증서(만기 6개월)
③ 국고지급통지서
④ 배당금영수증

02. '단기적 자금운용목적으로 (주)경기는 취득시 만기가 2개월 후인 채권 액면 ₩10,000을 ₩9,000에 구입하고 대금은 현금으로 지급하다.'의 분개로 옳은 것은?

① (차)	현 금 성 자 산	9,000	(대)	현 금	9,000
② (차)	현 금 성 자 산	10,000	(대)	현 금	10,000
③ (차)	당기손익금융자산	9,000	(대)	현 금	9,000
④ (차)	당기손익금융자산	10,000	(대)	현 금	10,000

03. 다음의 회계 자료를 보고, 재무상태표에 현금 및 현금성자산으로 보고하는 금액을 계산한 것으로 옳은 것은?

가. 가계수표	₩300,000	나. 부도수표	₩710,000
다. 만기 3개월 이내의 채권	₩100,000	라. 만기된 받을 어음	₩500,000
마. 만기 1년 이내의 채권	₩200,000	바. 고객이 발행한 수표	₩850,000
사. 양도성 예금증서(취득시 만기가 6개월 후)	₩130,000		

① ₩1,750,000 ② ₩2,500,000
③ ₩1,650,000 ④ ₩1,880,000

04. 다음 중 현금 및 현금성자산으로 계상될 수 없는 항목만을 모아 놓은 것은?

가. 당좌예금	나. 직원 가불금
다. 정기예금(1년 만기)	라. 환매채(90일 환매조건)
마. 선일자수표(매출대금)	바. 배당금 지급통지표
사. 우편환증서	아. 타인발행 약속어음

① 가, 라, 바, 사 ② 가, 나, 라, 바, 사
③ 나, 다, 마, 아 ④ 가, 나, 다, 바, 사, 아

05. 은행과 사전 계약을 체결하고 당좌예금 잔액을 초과하여 발행한 수표금액은 재무상태표에 어떤 계정과목으로 기입되는가?

① 현금 및 현금성자산 ② 당기손익금융자산

③ 선수금 ④ 단기차입금

06. 다음 설명 중 잘못된 것은?

① 취득당시 만기가 3개월 이내인 표지어음, 신종기업어음, 양도성예금증서는 모두 현금성자산이다.

② 사용이 제한되어 있는 예금은 모두 투자자산으로 분류 한다.

③ 타인발행의 수표, 배당증권, 송금환, 여행자수표는 모두 통화대용증권이다.

④ 결산시까지 현금부족액의 사유가 밝혀지지 않는 경우에는 포괄손익계산서상 잡손실로 보고한다.

07. 다음 중 소액현금제도를 운용하는 목적은 무엇인가?

① 모든 현금의 수불을 원활하게 한다.

② 상품매입대금을 신속하게 지급한다.

③ 현금판매를 원활하게 한다.

④ 금액이 적은 잡다한 비용의 지출을 원활하게 한다.

08. 다음 중 은행계정조정표의 작성 목적을 설명한 것으로 옳은 것은?

① 당좌예금의 회사 장부 잔액과 은행 잔액이 일치하지 않는 원인을 규명하기 위하여

② 당좌예금 잔액을 초과하여 당좌차월 한도액까지 수표를 발행하였을 때 그 내용을 설명하기 위하여

③ 당좌예금의 인출시 발행되는 당좌수표에 일련번호를 붙여 발행을 통제하기 위하여

④ 당좌예금 출납장을 특수분개장으로 사용할 때 매입과 인출을 일괄 전기하기 위하여

09. 다음은 (주)상공의 당좌예금과 관련된 자료이다. 정확한 당좌예금 잔액은 얼마인가?

가. 회사장부 잔액	₩100,000
나. 은행잔액증명서 잔액	₩120,000
다. 기발행 은행 미인출수표	₩10,000
라. 외상매출금 입금 중 회사의 미기록액	₩15,000
마. 당좌차월이자 중 회사의 미기록액	₩5,000

① ₩100,000 ② ₩105,000

③ ₩110,000 ④ ₩120,000

10. 다음의 자료를 이용하여 은행계정조정표 작성전의 회사측 장부금액은 얼마인가?

- 은행측 예금잔액	₩15,000
- 기발행 미지급수표	₩3,500
- 회사의 장부에 반영되지 않은 사항	
•은행수수료	₩500
•예금 입금액	₩1,500

① ₩10,500 ② ₩12,500
③ ₩13,500 ④ ₩15,000

11. (주)상공의 20×1년말 당좌예금 장부잔액은 ₩500,000이다. 다음과 같은 조정사항이 있는 경우 20×1년말 정확한 당좌예금잔액은 얼마인가?

- 기발행 미인출수표	₩30,000
- 타사의 입금액을 (주)상공계좌에 입금	₩20,000
- 은행의 미기입예금	₩10,000
- 미통보된 은행의 어음추심액	₩50,000
- 동 어음추심에 대한 수수료	₩2,000

① ₩540,000 ② ₩548,000
③ ₩550,000 ④ ₩558,000

12. 다음의 자료를 이용하여 은행계정조정표 작성전의 회사측 장부가액은 얼마인가?

•은행측 예금잔액	₩15,000	•은행수수료	₩500
•예금미기입액	₩1,500	•기발행미지급수표	₩3,500
•부도수표	₩500		

① ₩19,000 ② ₩17,000
③ ₩14,000 ④ ₩13,000

정리 NOTE

03

금융자산

1. 금융자산의 의의
2. 금융자산의 종류
3. 기타금융자산
4. 금융자산의 재분류

03 section 금융자산

1. 금융자산의 의의

금융자산(financial asset)이란 현금과 금융상품을 의미하는데 여기서 금융상품은 거래당사자 일방에게 금융자산을 발생시키고 동시에 다른 거래상대방에게 금융부채나 지분상품을 발생시키는 모든 계약을 말한다. 그러나 실무적으로는 현금, 대여금 및 수취채권, 유가증권(재산권을 나타내는 증권으로서 보통주나 우선주 등의 지분상품과 국·공채나 회사채 등의 채무상품으로 분류된다.) 금융기관이 취급하는 금융상품(정기예금, 정기적금 기타정형화된 금융상품)을 의미하는 것으로 이해하면 된다. 그리고 회계상으로는 금융자산을 다음과 같이 분류할 수 있다.

2. 금융자산의 종류

구 분	종 류	
(1) 현금 및 현금성자산	현금, 당좌예금, 보통예금, 현금성자산	
(2) 매출채권 및 기타채권	매출채권	외상매출금, 받을어음
	기타채권	대여금, 미수금
(3) 기타금융자산	단기금융상품	정기예금, 정기적금, 기타 정형화된 금융상품
	당기손익금융자산	
	상각후원가금융자산	
	기타포괄손익금융자산	

▣ 한국채택국제회계기준(K-IFRS) 제1109호 '금융상품' 에서는 종전의 계정을 다음과 같이 표시한다. 【2018.01.01.부터적용】

No.	개정 전	개정 후	실제 사용하는 계정과목
①	단기매매금융자산	당기손익-공정가치측정 금융자산	당기손익 금융자산
②	기타포괄손익금융자산	기타포괄손익-공정가치측정 금융자산	기타포괄손익 금융자산
③	만기보유금융자산	상각후원가금융자산	상각후원가 금융자산

3. 기타금융자산

기타금융자산은 기업이 여유자금을 활용할 목적으로 보유하는 단기금융상품, 당기손익금융자산, 기타포괄손익금융자산과 상각후원가금융자산 등의 자산을 포함한다.

(1) 단기금융상품

① **정기예금·정기적금** : 만기가 결산일로부터 1년 이내에 도래하는 것

② **사용이 제한되어 있는 예금** : 감채기금(만기가 보고기간말로부터 1년 이내에 도래하는 것)

③ **기타 정형화된 금융상품**

㉠ 양도성예금증서(CD)	㉡ 환매조건부채권(RP)	㉢ 어음관리구좌(CMA)
㉣ 머니마켓펀드(MMF)	㉤ 기업어음(CP)	㉥ 표지어음

(2) 당기손익-공정가치측정 금융자산

① **당기손익금융자산의 뜻**

당기손익금융자산은 주로 단기간 내의 매매차익을 목적으로 취득한 유가증권(국채, 사채, 공채, 주식)으로서 매수와 매도가 적극적이고 빈번하게 이루어지는 것을 말한다.

② **당기손익금융자산의 구입과 처분**

구 분	차 변	대 변
구 입 시	당기손익금융자산 20,000 수수료비용 500	현금 20,500
처분시 (처분가액 〉 장부금액)	현금 22,000	당기손익금융자산 20,000 당기손익금융자자산처분이익 2,000
처분시 (처분가액 〈 장부금액)	현금 18,000 당기손익금융자산처분손실 2,000	당기손익금융자산 20,000

- 구입시 제비용(매입수수료, 증권거래세 등)이 있으면 수수료비용으로 하고, 처분시 제비용은 처분가액에서 직접 차감하여 기록한다.
- 지분증권은 주식이고, 채무증권은 국채, 공채, 사채 등을 말한다.
- 동일한 금융상품을 여러 번에 걸쳐 각각 서로 다른 가격으로 구입한 경우 가중평균법(이동평균법)으로 한다.
- 당기손익금융자산은 유동자산으로만 분류된다.

③ 당기손익금융자산의 평가

당기손익금융자산은 공정가치로 측정하며, 공정가치변동분은 당기손익에 반영한다. 금융상품의 경우 공정가치의 최선의 측정치는 활성시장에서 공시되는 가격이지만 금융시장에 대한 활성시장이 없다면 공정가치는 합리적인 평가기법을 사용하여 결정한다.

구 분	차 변		대 변	
증가시(장부금액 < 공정가치)	당기손익금융자산	××	당기손익금융자산평가이익	××
감소시(장부금액 > 공정가치)	당기손익금융자산평가손실	××	당기손익금융자산	××

④ 당기손익금융자산의 이자와 배당금 수입

채무증권(국채, 사채, 공채)을 보유하면 사전에 약정된 이자를 받고 지분증권(주식)을 보유하면 현금 배당을 받게 된다.

구 분	차 변		대 변	
채무증권의 이자를 받으면	현금	10,000	이자수익	10,000
지분증권의 배당금을 받으면	현금	10,000	배당금수익	10,000

⑤ 당기손익금융자산의 끝수이자(경과이자, 단수이자)

채무증권(국채, 공채, 사채)을 이자지급일이 아닌 경우에 매매가 이루어 질 때 최근 이자 지급일부터 거래일까지의 경과이자를 끝수이자라 하여, 끝수이자는 공정가치와 별도로 미수이자계정으로 처리한다.

$$끝수이자 = 액면금액 \times 연이율 \times \frac{경과일수}{365}$$

구 분	차 변		대 변	
구입시	당기손익금융자산 미수이자	20,000 1,000	현금	21,000
처분시 (처분가액 〈 장부금액)	현금 당기손익금융자산처분손실	18,000 3,500	당기손익금융자산 미수이자 이자수익	20,000 1,000 500

(3) 상각후원가금융자산

만기가 확정된 채무증권(국채, 사채, 공채 등)으로서 상환금액이 확정되었거나 확정이 가능한 채무증권을 만기까지 보유할 적극적인 의도와 능력이 있는 경우를 말한다.

구 분	차 변		대 변	
구입시	상각후원가금융자산	20,000	현금	20,000
이자수입시	현금	400	이자수익	400
만기상환 받을시	현금	20,000	상각후원가금융자산	20,000

- 취득과 관련된 거래원가(중개수수료, 증권거래세 등)는 공정가치에 가산하여 측정한다.
- 만기까지 보유할 자산이므로 공정가치로 평가하지 않는다.

(4) 기타포괄-공정가치측정 금융자산

당기손익금융자산이나 상각후원가금융자산으로 분류되지 아니하는 유가증권을 말한다. 즉, 기업이 여유자금을 이용해 장기투자목적으로 취득한 주식이나 채권이다. 기타포괄손익금융자산평가손익은 자본항목(기타포괄손익누계액)으로 계상하여 이월시키고, 처분손익은 당기손익에 반영한다.

구 분	차 변		대 변	
구입시	기타포괄손익금융자산	20,000	현금	20,000
평가시	기타포괄손익금융자산평가손실	2,000	기타포괄손익금융자산	2,000
처분시	현금	21,000	기타포괄손익금융자산 기타포괄손익금융자산평가손실 기타포괄손익금융자산처분이익	18,000 2,000 1,000

- 취득과 관련된 거래원가(중개수수료, 증권거래세 등)는 공정가치에 가산하여 측정한다.
- 공정가치를 신뢰성 있게 측정할 수 있는 경우 공정가치법(이연법)으로 평가하고, 공정가치를 신뢰성 있게 측정할 수 없는 경우는 원가법으로 평가한다.
- 기타금융자산 중 보고기간말로부터 1년 이내에 만기가 도래하는 것은 유동자산(기타유동금융자산)으로 분류하고, 보고기간말로부터 1년 이후에 만기가 도래하는 것은 비유동자산(기타비유동금융자산)으로 분류한다.

(5) 관계기업투자

중대한 영향력 행사(지배, 통제)목적으로 지분증권(주식)을 20%이상 50%미만 보유하고 있는 경우로 지분법을 적용하여 회계처리 한다.

① 중대한 영향력을 행사할 목적으로 A사 주식 ₩200,000을 취득하고 현금으로 지급하다.(지분율 20%)

(차) 관 계 기 업 투 자 200,000 (대) 현 금 200,000

② A사의 당기순이익이 ₩50,000이 발생한 것으로 보고를 받았다.

(차) 관 계 기 업 투 자 10,000 (대) 지 분 법 이 익 10,000

▣ 당기순이익(50,000) × 지분율(20%) = 지분법이익(10,000)

③ A사로부터 ₩5,000의 현금배당을 받았다.

(차) 현 금 5,000 (대) 관 계 기 업 투 자 5,000

4. 금융자산의 재분류

① 당기손익금융자산이 시장성을 상실하여도 재분류를 허용하지 않는다.

② 상각후원가금융자산은 다음의 경우에 기타포괄손익금융자산으로 재분류한다.

㉠ 보유 의도나 능력에 변화가 있어 더 이상 상각후원가금융자산으로 분류하는 것이 적절하지 않은 경우

㉡ 중요하지 않은 금액 이상의 상각후원가금융자산을 매도하거나 재분류하고 이러한 매도 또는 재분류가 재분류제한 (보유기간이 직전 2회계연도 이내)에 해당하는 경우

③ 기타포괄손익금융자산의 보유 의도나 능력이 변경되거나 공정 가치를 신뢰성 있게 측정할 수 없게 된 경우 보유기간이 직전 2회계연도가 이미 경과된 기타포괄손익금융자산은 상각후원가금융자산으로 재분류 할 수 있다.

멘토노트

✔ 금융자산에는 현금 및 현금성자산, 매출채권 및 기타채권, 기타금융자산 등이 있다.

✔ 선급금과 선급비용은 재화나 용역을 수취할 예정이므로 금융자산이 아니다.

✔ 단기금융상품에는 정기예금, 정기적금, 양도성예금증서(CD) 등이 있다.

✔ 상각후원가금융자산과 기타포괄손익금융자산은 일반적으로 비유동자산이다.
단, 보고기간말(결산일)로부터 1년 이내에 만기가 도래하면 유동자산이다.

✔ 회계상 유가증권의 분류

① 당기손익금융자산	일시소유목적, 유동자산, 재분류금지
② 상각후원가금융자산	만기보유목적, 채무증권
③ 기타포괄손익금융자산	장기투자목적, 당기손익금융자산이나 상각후원가금융자산이 아니다.
④ 관계기업투자	중대한 영향력(지배, 통제)행사 목적, 지분증권

01. 한국채택국제회계기준(K-IFRS)에서 유동자산 중 금융자산으로 분류되는 항목의 기호를 쓰시오.

가. 선급금	나. 매출채권	다. 단기대여금
라. 당기손익금융자산	마. 현금 및 현금성자산	바. 선급비용
사. 미수금		

답 : ____________________

02. 다음 거래를 분개하시오.

(1) (주)한국의 주식 1,000주를 @₩3,000에 매입하고 그 대금은 수수료 ₩200,000과 함께 현금으로 지급하다.

(2) 단기보유목적으로 1주당 @₩50,000에 구입한 삼성회사 주식 100주를 주당 ₩48,000에 처분하고, 처분시 수수료 ₩50,000을 차감한 잔액은 현금으로 받았다.

(3) 20×1년 1월 30일에 주식 200주를 @₩1,000에 취득하였으며, 20×1년 6월 25일에 100주를 @₩1,200에 처분하고 대금은 보통예금계좌에 입금되었다. 단, 처분시 분개를 하시오.

(4) 기말 현재 당기손익금융자산 보유상황은 다음과 같을 경우 분개를 하시오.

	취득원가	공정가치
A사 주식	₩210,000	₩250,000
B사 주식	₩180,000	₩150,000

(5) 단기간 내의 매매차익을 목적으로 A사 주식 10주를 주당 ₩3,000에 취득하고, 거래수수료 ₩1,000을 지급하였다. 결산일 현재 A사 주식의 공정가치는 주당 ₩2,000이다. 결산시 분개를 하시오.

NO	차변과목	금 액	대변과목	금 액
(1)				
(2)				
(3)				
(4)				
(5)				

03. 다음 거래를 분개하시오.

(1) 당기손익차익을 목적으로 (주)현대 발행 사채 액면 ₩1,000,000(액면 @₩10,000)을 @₩9,500으로 매입하고, 대금은 끝수이자 ₩15,000과 함께 당좌수표를 발행하여 지급하다.

(2) 당기손익차익을 목적으로 소유하고 있는 (주)현대 발행 사채 액면 ₩1,000,000(액면 @₩10,000, 장부금액 @₩9,500)을 @₩9,000에 매각처분하고 끝수이자 ₩20,000과 함께 보통예금으로 받다. 단, 매입시 끝수이자 ₩15,000을 지급하였다.

NO	차변과목	금 액	대변과목	금 액
(1)				
(2)				

04. 다음은 (주)대명이 취득한 주식에 대한 자료이다. 각 거래 발생일의 분개를 하시오. (단, (주)대명은 취득한 주식을 기타포괄손익금융자산으로 기록하고 있으며 결산일마다 시가를 이용하여 K-IFRS에 따라 적절하게 평가하고 있다.)

(1) 20×1년 10월 5일 (주)대명은 장기보유를 목적으로 (주)진로 발행 주식 ₩100,000을 매입하고 대금은 현금으로 지급하다.

(2) 20×1년 12월 31일 보고기간말(결산시) 보유중인 (주)진로 발행 주식을 ₩95,000에 평가하다.

(3) 20×2년 4월 15일 위 주식 전부를 ₩110,000에 처분하고 현금으로 받다.

거래발생일	차변과목	금 액	대변과목	금 액
20×1. 10. 05				
20×1. 12. 31				
20×2. 04. 15				

01. 다음 중 금융자산에 속하지 않는 것은?

① 현금 및 현금성자산
② 매출채권 및 기타채권
③ 당기손익인식금융자산
④ 선급금

02. 다음 중 금융자산에 속하지 않는 것은?

① 현금
② 선급비용
③ 단기대여금
④ 외상매출금

03. 한국채택국제회계기준(K-IFRS)에서 유동자산 중 금융자산으로 분류되는 항목을 모두 고른 것은?

가. 선급금	나. 매출채권
다. 단기대여금	라. 당기손익금융자산
마. 현금 및 현금성자산	

① 가
② 가, 나
③ 나, 다, 라
④ 나, 다, 라, 마

04. 다음 설명의 (가), (나)에 해당하는 내용으로 가장 타당한 것은? 단, IFRS 기준 계정과목분류체계에 따른다.

> 금융자산 중 보고기간말로부터 1년 이후에 만기가 도래하는 정기예금은 (가)의 과목으로 하여 (나)으로 분류한다.

	(가)	(나)
①	기타유동금융자산	유동자산
②	기타비유동금융자산	유동자산
③	기타유동금융자산	비유동자산
④	기타비유동금융자산	비유동자산

05. 다음 중 단기금융상품으로 분류되지 않는 것은?

① 양도성예금증서(CD)
② 1년 만기 정기적금
③ 신종기업어음(CP)
④ 여행자수표(TC)

06. 다음 중 단기금융상품에 대한 설명으로 옳은 것은?

① 결산일로부터 13개월 이후에 만기가 도래하는 정기적금
② 취득일로부터 만기가 3개월 이내에 도래하는 채권
③ 취득일로부터 상환일까지의 기간이 3개월 이내에 도래하는 상환우선주
④ 결산일로부터 만기일이 3개월 이상이면서 1년 이내에 도래하는 정기예금

07. 다음 중 단기금융상품에 대한 설명으로 옳은 것은?

① 결산일로부터 만기일이 1년 6개월후에 도래하는 정기적금
② 취득일로부터 만기가 2년 이후에 도래하는 채권
③ 취득일로부터 상환일까지의 기간이 3개월 이내에 도래하는 상환우선주
④ 결산일로부터 만기일이 6개월 후에 도래하는 정기예금

08. (主)대한은 단기적 이익획득을 목적으로 주식 ₩100,000을 현금으로 매입하였으며, 이 주식의 취득을 위해 직접적으로 관련된 수수료 ₩50,000을 현금으로 지급하였다. 다음 중 이 거래에 대한 회계처리로 옳은 것은?

① (차)	당기손익금융자산	150,000	(대)	현금	150,000
② (차)	상각후원가금융자산	150,000	(대)	현금	150,000
③ (차)	당기손익금융자산	100,000	(대)	현금	150,000
	수수료비용	50,000			
④ (차)	상각후원가금융자산	100,000	(대)	현금	150,000
	수수료비용	50,000			

09. 다음 거래의 분개로 옳은 것은?

> (主)대한상사는 당기손익차익 목적으로 보유하고 있는 (主)서울산업 발행 주식 100주를 현금 ₩180,000에 매각하였다. (主)서울산업 발행 주식의 직전 연도말 장부금액은 ₩200,000이었다.

① (차)	현금	180,000	(대)	당기손익금융자산	200,000
	당기손익금융자산처분손실	20,000			
② (차)	현금	180,000	(대)	당기손익금융자산	200,000
	수수료비용	20,000			
③ (차)	현금	180,000	(대)	당기손익금융자산	180,000
④ (차)	현금	180,000	(대)	당기손익금융자산	200,000
	이자비용	20,000			

10. (주)상공이 보유하고 있는 당기손익금융자산(전기에 취득)의 취득원가는 ₩100,000이며, 전기에 ₩5,000의 평가이익이 발생하였다. 당기에 당기손익금융자산의 1/2을 ₩60,000에 처분하고, 대금은 현금으로 받은 경우에 적절한 분개는?

① (차)	현 금	60,000	(대)	당 기 손 익 금 융 자 산	50,000
				당기손익금융자산처분이익	10,000
② (차)	현 금	60,000	(대)	당 기 손 익 금 융 자 산	55,000
				당기손익금융자산처분이익	5,000
③ (차)	현 금	60,000	(대)	당 기 손 익 금 융 자 산	52,500
	당기손익금융자산처분이익	2,500		당기손익금융자산처분이익	10,000
④ (차)	현 금	60,000	(대)	당 기 손 익 금 융 자 산	52,500
				당기손익금융자산처분이익	7,500

11. 기초에 당기손익목적으로 ₩100,000에 구입한 A주식의 기말 현재시가는 ₩120,000으로 평가되었다. 다음 중 기말에 A주식에 대한 회계처리로 옳지 않은 것은?

① 차변에는 당기손익금융자산 ₩20,000으로 분개한다

② 대변에는 당기손익금융자산평가이익 ₩20,000으로 분개한다.

③ 재무상태표상의 당기손익금융자산은 ₩100,000으로 표시한다.

④ 당기손익금융자산평가이익은 기타수익으로 처리한다.

12. 다음 자료에 의하여 12월 31일 당기손익금융자산평가손익으로 맞는 것은?

- 10월 1일 : 기업의 유휴자금을 활용할 목적으로 (주)상공의 주식 200주를 @₩10,000 (액면가 ₩5,000)에 현금으로 취득하였다.
- 11월 1일 : 위 주식 100주를 @₩9,000에 처분하고 현금으로 받았다.
- 12월 31일 : 위 주식의 공정가치를 @₩12,000으로 평가하다.

① 당기손익금융자산평가이익 ₩200,000

② 당기손익금융자산처분손실 ₩200,000

③ 당기손익금융자산평가손실 ₩400,000

④ 당기손익금융자산처분이익 ₩400,000

13. (주)평창산업은 전기에 비상장기업인 (주)서울상사의 주식 10주를 주당 ₩6,000에 취득하여 보유하고 있다. (주)평창산업은 원가법을 이용하여 이 주식을 평가하고 있으며, 당기에 (주)서울상사로부터 ₩3,000의 배당금을 현금으로 수령하였다. 배당금 수령시의 적절한 분개는?

① (차) 현 금 3,000 (대) 배 당 금 수 익 3,000
② (차) 현 금 3,000 (대) 지 분 법 이 익 3,000
③ (차) 현 금 3,000 (대) 기타포괄손익금융자산평가이익 3,000
④ (차) 현 금 3,000 (대) 기타포괄손익금융자산손상차손 3,000

14. (주)강원이 보유하고 있는 금융자산과 관련된 자료는 아래와 같다. 이와 같은 거래로 인하여 20×2년 당기순손익에 미치는 영향은 얼마인가?

- 20×1년 10월 1일 갑회사주식 10주를 주당 ₩200에 취득
- 20×1년 12월 31일 갑회사주식은 주당 ₩300이 됨
- 20×2년 5월 16일 을회사주식 20주를 주당 ₩150에 취득
- 20×2년 12월 1일 갑회사주식 5주를 주당 ₩250에 처분
- 20×2년 12월 31일 갑회사주식은 주당 ₩500이고 을회사주식은 주당 ₩250이 됨

위 주식은 모두 당기손익금융자산으로 분류되며 (주)강원의 결산일은 12월 31일이다.

① ₩1,250 이익
② ₩2,750 이익
③ ₩3,250 이익
④ ₩3,500 이익

15. 12월 결산법인인 (주)상공은 20×1년 1월 1일에 다음과 같은 조건으로 발행된 공채를 ₩947,516에 취득하였다. 이 공채의 취득시 적용된 유효이자율은 7%이였다. (주)상공이 20×1년 말에 인식해야 할 이자수익은 얼마인가?(단, 회사는 이를 상각후원가금융자산으로 분류하였고 답은 가장 근사치를 구하라.)

- 발행일 : 20×1년 1월 1일
- 액면금액 : ₩1,000,000
- 이자지급 : 매년 12월 31일에 액면금액의 연 5%의 이자 지급
- 상환 : 20×3년 12월 31일에 일시 상환

① ₩47,400
② ₩50,000
③ ₩66,300
④ ₩70,000

16. 다음의 금융상품에 대한 설명 중 적절한 것은?

① 금융자산을 최초로 취득할 때나 재무제표를 작성하기 위한 보고기간 말에 취득원가로 평가하면 금융자산의 경제적 실질을 잘 나타낼 수 있다.
② 금융자산이 유동자산인지 비유동자산인지 여부는 취득일로부터 1년 이내에 처분이나 회수기일이 도래하는지 여부로 결정된다.
③ 채권과 관련되어 발생한 이자를 보고기간 말에 아직 받지 못했으나 기간이 경과해서 이미 발생한 부분에 대해서는 이자수익으로 인식된다.
④ 지분법적용시 피투자기업으로 부터 배당금을 수령하면 기타수익으로 계상된다.

17. (주)한경은 20×1년 11월에 자금운용의 한 방법으로 (주)관악이 발행한 주식에 ₩1,000,000을 현금으로 투자하였다. (주)한경은 동 주식으로부터 단기적인 차익을 기대하고 있으나 (주)관악의 주식은 시장성이 없다. K-IFRS에 따를 경우 다음 중 이 거래의 회계처리로 알맞은 것은?

① (차)	당기손익금융자산	1,000,000	(대) 현금	1,000,000
② (차)	기타포괄손익금융자산	1,000,000	(대) 현금	1,000,000
③ (차)	상각후원가금융자산	1,000,000	(대) 현금	1,000,000
④ (차)	기타유가증권	1,000,000	(대) 현금	1,000,000

18. (주)상공은 장기투자 목적으로 (주)대한의 주식 100주 액면 @₩5,000을 @₩7,000씩에 매입하고 대금은 수표를 발행하여 지급하였다. 옳은 분개는?

① (차)	기타포괄손익금융자산	500,000	(대) 당좌예금	500,000
② (차)	기타포괄손익금융자산	700,000	(대) 당좌예금	700,000
③ (차)	당기손익금융자산	500,000	(대) 당좌예금	500,000
④ (차)	당기손익금융자산	700,000	(대) 당좌예금	700,000

19. 다음은 (주)상공이 취득한 주식에 대한 자료이다. 주식의 처분시점에 인식하는 처분손익은 얼마인가? (단, (주)상공은 취득한 주식을 기타포괄손익금융자산으로 기록하고 있으며 결산일마다 시가를 이용하여 K-IFRS에 따라 적절하게 평가하고 있다.)

20×1년	10월	5일	주식취득	₩200,000
20×1년	12월	31일	결산일의 시가	₩190,000
20×2년	4월	15일	위 주식 전부를	₩220,000에 처분

① ₩30,000 이익　　② ₩20,000 손실
③ ₩30,000 손실　　④ ₩20,000 이익

20. (주)상공은 (주)대한을 지배할 목적으로 (주)대한의 주식 100주 액면@₩5,000을 @₩7,000씩에 매입하고 대금은 수표를 발행하여 지급하였다. 옳은 분개는?

①	(차) 관계기업투자	500,000	(대)	당좌예금	500,000
②	(차) 관계기업투자	700,000	(대)	당좌예금	700,000
③	(차) 당기손익금융자산	500,000	(대)	당좌예금	500,000
④	(차) 당기손익금융자산	700,000	(대)	당좌예금	700,000

04

매출채권과 매입채무

1. 외상매출금과 외상매입금
2. 받을어음과 지급어음

04 section

매출채권과 매입채무

▶ 매출채권 : 외상매출금, 받을어음
▶ 기타채권 : 대여금, 미수금
▶ 매입채무 : 외상매입금, 지급어음
▶ 기타채무 : 차입금, 미지급금

1. 외상매출금과 외상매입금

(1) 외상매출금

외상매출금이란 일반적인 상거래에서 발생한 채권, 즉 상품이나 제품을 판매하고 대금을 외상으로 한 경우이다.

(2) 외상매입금

외상매입금이란 일반적인 상거래에서 발생한 채무, 즉 상품이나 원재료를 매입하고 대금을 외상으로 한 경우이다.

외상매출금

전기이월(기초잔액)	회수액 환입및매출에누리·매출할인 대손발생액
외상매출액	**차기이월**(기말잔액)

외상매입금

지급액 환출및매입에누리·매입할인	전기이월(기초잔액)
차기이월(기말잔액)	외상매입액

(3) 외상매출금의 양도(팩토링)

구 분	차 변	대 변
외상매출금을 양도하면(매각거래인 경우)	매출채권처분손실 1,000 현 금 49,000	외 상 매 출 금 50,000

(4) 매출할인과 매입할인

구 분	차 변	대 변
외상매출금을 약정기일 이전회수(매출할인)	매 출 ×× 현 금 ××	외 상 매 출 금 ××
외상매입금을 약정기일 이전지급(매입할인)	외 상 매 입 금 ××	매 입 ×× 현 금 ××

Q 2/10(할인조건) : 외상대금을 10일 이내에 결제하면 2%를 할인해 주는 조건이다.
Q n/30(외상조건) : 외상대금은 30일 이내에 결제하여야 한다는 조건이다.

2. 받을어음과 지급어음

일반적인 상거래에서 발생한 어음상의 채권을 받을어음이라 하고, 일반적인 상거래에서 발생한 어음상의 채무를 지급어음이라 한다.

(1) 약속어음

약속어음이란 발행인(채무자)이 수취인(채권자)에게 정해진 기일에 정해진 금액을 지급할 것을 약속한 증서이다.

구 분	차 변	대 변
약속어음을 수취하면	받 을 어 음 ××	매 출 (외 상 매 출 금) ××
약속어음을 발행하면	매 입 (외 상 매 입 금) ××	지 급 어 음 ××

(2) 환 어 음

환어음이란 발행인이 지명인(인수인 = 채무자)에게 정해진 기일에 정해진 금액을 수취인(채권자)에게 지급할 것을 위탁한 증서이다.

구 분	차 변	대 변
수취인	받 을 어 음 ××	매 출 (외 상 매 출 금) ××
발행인	매 입 (외 상 매 입 금) ××	외 상 매 출 금 ××
지명인(인수인, 지급인)	외 상 매 입 금 ××	지 급 어 음 ××

◈ 환어음의 발행인은 어음상 채권·채무가 발생하지 않는다.

(3) 어음의 배서

어음 소지인이 당해 어음의 만기일 이전에 어음상의 권리를 타인에게 양도하는 것을 어음의 배서라고 한다.

① 어음의 추심위임 배서

구 분	차 변		대 변	
추심위임배서양도 추심료지급	수 수 료 비 용	××	현 금	××
추심완료시	당 좌 예 금	××	받 을 어 음	××
어음대금지급시	지 급 어 음	××	당 좌 예 금	××

② 대금결제을 위한 배서양도

구 분	차 변		대 변	
소지어음 배서양도시	매 입 (외 상 매 입 금)	××	받 을 어 음	××

③ 어음의 할인을 위한 배서양도

㉠ 매각거래로 보는 경우

구 분	차 변		대 변	
소지어음 할인시	당 좌 예 금 매 출 채 권 처 분 손 실	×× ××	받 을 어 음	××
만기일에 결제시	분개없음			

Q 할인료 = 액면금액 × 연이율 × $\frac{\text{할인일수}}{\text{365(또는 366)}}$

㉡ 차입거래로 보는 경우

구 분	차 변		대 변	
소지어음 할인시	당 좌 예 금 이 자 비 용	×× ××	단 기 차 입 금	××
만기일에 결제시	단 기 차 입 금	××	받 을 어 음	××

(4) 소지어음의 부도

어음의 소지인이 어음 만기일에 어음 금액의 지급을 지급장소에서 청구하였으나 지급이 거절된 경우 지급거절증서 작성비용을 합하여 부도어음이라 한다.

구 분	차 변	대 변
소지어음 부도시	부도어음 ××	받을어음 ×× 현금(청구제비용) ××

- 부도어음은 재무상태표에 매출채권 또는 장기매출채권계정으로 표시한다.
- 부도어음을 발행인이나 배서인에게 지급을 청구하는 것을 소구라 한다.

(5) 어음의 개서

어음의 지급인이 어음의 만기일에 지급할 능력이 없어 어음의 소지인에게 지급일의 연기를 요청하고, 소지인이 이를 승낙하여 새로운 어음을 발행하여 구어음과 교환하는 것을 말한다. 이때 지급인은 연기일수에 해당하는 이자를 지급해야 한다.

구 분	차 변	대 변
받을어음의 개서시(수취인)	받을어음(신어음) ×× 현금 ××	받을어음(구어음) ×× 이자수익 ××
지급어음의 개서시(지급인)	지급어음(구어음) ×× 이자비용 ××	지급어음(신어음) ×× 현금 ××

(6) 금융어음(기타어음)

일반적 상거래에서 발생한 어음이 아니면 회계상 어음으로 인정하지 않는다.

구 분	차 변	대 변
현금을 대여하고 약속어음을 수취하면	단기대여금 ××	현금 ××
현금을 차입하고 약속어음을 발행하면	현금 ××	단기차입금 ××
토지을 처분하고 약속어음을 수취하면	미수금 ××	토지 ××
토지를 취득하고 약속어음을 발행하면	토지 ××	미지급금 ××

(7) 받을어음과 지급어음계정

① 받을어음계정

받을어음

차변	대변
전기이월(기초잔액)	어음대금추심(회수)액 어음의 배서양도 어음의 할인 어음의 부도
약속어음수취 환어음수취	**차기이월**(기말잔액)

② 지급어음계정

지급어음

차변	대변
어음대금 지급액 당점발행어음의 수취	전기이월(기초잔액)
차기이월(기말잔액)	약속어음 발행 환어음 인수

멘토노트

✔ 상품 또는 원재료의 매입 과 상품 또는 제품의 매출을 일반적 상거래라 하며, 이 경우 에만 매출채권(외상매출금, 받을어음)과 매입채무(외상매입금, 지급어음)계정으로 처리하고, 나머지 외상거래는 미수금과 미지급금계정으로 회계 처리한다.

✔ 소지어음 할인시

(차) 매출채권처분손실	××	(대) 받을어음	××
당 좌 예 금	××		

✔

외 상 매 출 금

차변	대변
기 초 잔 액	회 수 액
외 상 매 출	기 말 잔 액

외 상 매 입 금

차변	대변
지 급 액	기 초 잔 액
기 말 잔 액	외 상 매 입

기본문제

section 04

01. 다음 거래를 분개하시오. (단, 상품은 3분법, 채권·채무에 관한 기장은 통제계정에 의함)

(1) "2/10, n/30"의 매출할인 조건으로 상품 ₩100,000을 고객에게 외상 판매하고, 7일 후에 외상대금을 현금으로 회수하였다.

(2) "3/10, n/30"의 신용조건으로 상품 ₩100,000을 외상 매입하고 10일후에 매입대금을 현금으로 지급하였다.

(3) 소지하고 있던 약속어음 ₩200,000을 거래은행에 추심의뢰하고, 수수료 ₩4,000을 현금으로 지급하다.

(4) (주)마포기업의 외상매입금 ₩15,000,000을 결제하기 위하여 당사가 제품매출 대가로 받아 보유하고 있던 (주)한국기업의 약속어음 ₩15,000,000을 배서하여 지급하였다.

(5) 상품대금으로 받은 동점발행 약속어음 ₩200,000을 거래은행에 할인하고, 할인료 ₩5,000을 차감한 실수금을 당좌예금하다. (단, 이 약속어음의 할인은 매각거래에 해당된다.)

(6) 태백상사로부터 수취한 받을어음 ₩10,000,000을 은행에서 할인하였다.(단, 매각거래로 간주하며, 어음할인료는 ₩1,000,000이고 나머지는 보통예금계좌에 입금하였다.)

(7) 거래처 세흥상사㈜에서 받아 보관 중인 약속어음 ₩2,000,000을 신라은행에서 할인하고 할인료 ₩35,000을 차감한 실수금을 당사 당좌예금계좌에 입금하였다. 본 거래는 차입거래로 간주한다.

NO	차변과목	금 액	대변과목	금 액
(1)				
(2)				
(3)				
(4)				
(5)				
(6)				
(7)				

01. 웰빙상사는 과일과 채소를 판매하는 기업이다. 다음 중 웰빙상사가 작성하는 재무상태표의 매출채권 계정에 영향을 주지 않는 거래는?

① 사과 10상자를 판매하고 대금은 10일 후에 받기로 하다,
② 사과 운반용 차량을 처분하고 대금은 약속어음을 받다.
③ 오이 5상자를 판매하고 대금은 약속어음을 받다.
④ 포도를 판매하고 대금으로 받아 가지고 있던 약속어음이 만기가 되어 입금되다.

02. 경기상사는 갑상품 100개를 ₩10,000에 외상으로 매입하고, 매입 수수료 ₩500과 매입운반비 ₩500을 현금으로 지급하였다. 올바른 분개는?

①	(차) 매입	11,000	(대)	외상매입금	10,000
				현금	1,000
②	(차) 매입	10,500	(대)	외상매입금	10,000
	운반비	500		현금	1,000
③	(차) 매입	10,500	(대)	외상매입금	10,500
	운반비	500		현금	500
④	(차) 매입	10,000	(대)	외상매입금	10,000
	수수료비용	500		현금	1,000
	운반비	500			

03. (주)대한은 20×1년에 ₩1,000,000을 매출하였다. 매출채권의 기초 잔액과 기말 잔액은 각각 ₩100,000과 ₩200,000이다. 매출로 인한 현금유입액은 얼마인가?

① ₩800,000　② ₩900,000
③ ₩1,100,000　④ ₩1,200,000

04. 서울회사의 20×1년 회계연도 영업활동에 관한 정보는 다음과 같으며, 상품매매는 현금 또는 외상 거래로만 이루어진다. 서울회사의 20×1년 12월 31일 현재 매출채권 잔액은 얼마인가?

•1월 1일 매출채권 잔액	₩8,000	•당기매출채권회수액	₩26,000
•현금매출액	5,000	•1월 1일 상품잔액	12,000
•12월 31일 상품 잔액	11,000	•당기 상품 매입액	20,000
•매출총이익	9,000		

① ₩7,000　② ₩12,000
③ ₩17,000　④ ₩13,000

05. 갑 상점은 을 상점에 대한 외상매출금 ₩1,000,000을 병 은행에 양도하고 할인료 ₩50,000을 차감한 잔액을 현금으로 받았다. 단, 매출채권의 양도는 매각거래로 회계처리 할 경우, 다음 중 이 거래에 대한 올바른 분개는 어느 것인가?

①	(차) 현금	950,000	(대) 외상매출금	950,000
②	(차) 현금	1,000,000	(대) 외상매출금	1,000,000
③	(차) 현금	950,000	(대) 차입금	1,000,000
	이자비용	50,000		
④	(차) 현금	950,000	(대) 외상매출금	1,000,000
	매출채권처분손실	50,000		

06. (주)쌍용은 '2/10, n/30'의 매출할인 조건으로 상품 ₩200,000을 고객에게 외상 판매하고, 20일 후에 외상대금을 현금으로 회수하였다. 외상대금 회수시의 회계처리로 올바른 것은?

①	(차) 외상매출금	200,000	(대) 매출	200,000
②	(차) 현금	196,000	(대) 외상매출금	200,000
	매출할인	4,000		
③	(차) 현금	190,000	(대) 외상매출금	200,000
	매출할인	10,000		
④	(차) 현금	200,000	(대) 외상매출금	200,000

07. (주)강변은 20×1년 3월 5일 ₩30,000에 외상으로 매출한 상품 대금을 20×1년 3월 12일에 회수하게 되어 3%를 할인한 차액을 현금으로 회수하였다. 다음 중 옳은 분개는? (단, 상품거래는 3분법으로 처리할 것)

①	(차) 현금	29,100	(대) 외상매출금	30,000
	매출	900		
②	(차) 가수금	30,000	(대) 외상매출금	30,000
③	(차) 가지급금	27,000	(대) 외상매출금	27,000
④	(차) 상품권선수금	27,000	(대) 외상매출금	30,000
	현금	3,000		

08. "(주)상공이 소지하고 있던 약속어음 ₩100을 거래은행에 추심의뢰하고, 수수료 ₩20을 보통예금 인출하여 지급하다."의 분개로 올바른 것은?

① (차)	당좌예금	100	(대)	받을어음	100
	수수료비용	20		보통예금	20
② (차)	매입채무	100	(대)	받을어음	100
	수수료비용	20		보통예금	20
③ (차)	수수료비용	20	(대)	보통예금	20
④ (차)	당좌예금	100	(대)	지급어음	100
	수수료비용	20		보통예금	20

09. (주)봉명은 20×1년 3월 1일 투자자문용역을 제공하고 고객으로부터 액면 ₩100,000인 무이자부 어음(만기 : 20×1년 8월 31일)을 수령하였다. 그리고 단기신용은행으로부터 20×1년 4월 30일 연 15%의 할인조건으로 동 어음을 할인받았다. 이 때 (주)봉명이 수령할 현금과 부담할 할인료는 각각 얼마인가?

	[현금수령액]	[할 인 료]
①	₩95,000	₩5,000
②	₩92,500	₩7,500
③	₩100,000	₩5,000
④	₩95,000	₩7,500

10. "충청상점에 상품대금으로 받은 동점 발행 약속어음 ₩100,000을 거래은행에 할인하고 할인료 ₩5,000을 차감한 실수금을 당좌예금하다."에 대한 분개로 옳은 것은? 단, 이 약속어음의 할인은 매각거래에 해당된다.

① (차)	당좌예금	95,000	(대)	받을어음	100,000
	매출채권처분손실	5,000			
② (차)	매출채권처분손실	5,000	(대)	받을어음	5,000
③ (차)	당좌예금	95,000	(대)	단기차입금	100,000
	이자비용	5,000			
④ (차)	매출채권처분손실	5,000	(대)	단기차입금	5,000

11. 2개월 후에 받기로 하고 당좌수표 ₩1,000,000을 발행하여 (주)봉천에게 빌려주고, 약속어음을 받았다. 이 거래에 대한 설명으로 적합하지 않은 것은?

① (주)봉천이 발행한 어음은 금융어음이다.
② 이 거래를 분개하면 차변에 기록한 계정과목은 받을어음이다.
③ 이 거래 후 유동자산 총액은 변동이 없다.
④ 이 거래 후 당좌자산 총액은 변동이 없다.

12. (주)서울은 보유하고 있던 약속어음 ₩100,000을 타인에게 양도하고 ₩96,000을 현금으로 수령하였다. 이러한 양도가 차입거래로 분류된다고 할 때, 이 양도로 인한 회계처리가 미치는 영향으로 옳은 것은?

	자 산	부 채	이 익
①	감 소	영향없음	감 소
②	증 가	증 가	감 소
③	감 소	증 가	증 가
④	증 가	영향없음	감 소

13. 부도어음은 어느 계정으로 회계처리 하여야 하는가?

① 자산계정
② 평가계정
③ 부채계정
④ 비용계정

정리 NOTE

05

대손(손상)회계

1. 대손의 뜻
2. 대손충당금의 설정
3. 대손(손상) 발생시
4. 대손(손상)된 것 회수시
5. 대손충당금 계정

05 section 대손(손상)회계

1. 대손의 뜻

대손(또는 손상)이란 매출채권(외상매출금, 받을어음) 또는 기타채권(단기대여금, 미수금)이 거래처의 파산이나 폐업 등으로 회수불가능하게 되는 경우를 말한다.

2. 대손충당금의 설정

기말 결산 시점에 매출채권 및 기타채권에 대하여 손상발생을 검토하고 최초 유효이자율로 할인한 추정미래현금의 현재가치와 채권의 장부금액의 차이를 대손상각비로 계상하고 채권에서 직접차감하거나 대손충당금을 설정한다.

(1) 직접상각법

직접상각법이란 손상차손금액을 매출채권에서 직접차감하는 방법을 말한다.

구 분	차 변		대 변	
손상 발생(설정)시	대 손 상 각 비	××	외 상 매 출 금	××
전기 손상 회복시	현 금	××	금융자산손상차손환입	××
당기 손상 회복시	현 금	××	대 손 상 각 비	××

(2) 충당금 설정법

충당금설정법이란 대손충당금계정을 사용하여 손상차손금액을 매출채권에서 차감하는 방법으로 매출채권잔액비율법과 연령분석법등이 있다. 기말결산시 매출채권에 대하여 손상발생을 검토하여 대손충당금잔액이 부족하면 대손상각비로 대손충당금 잔액이 초과하면 대손충당금환입계정으로 처리한다.

① 매출채권잔액비율법

대손계산공식	매출채권 × 대손율 (외상매출금+받을어음)	−	대손충당금잔액	=	대손추가설정액 (또는 대손환입액)

구 분	차 변		대 변	
대손충당금 부족시(+)	대 손 상 각 비	××	대 손 충 당 금	××
대손충당금과잉시 (−)	대 손 충 당 금	××	대 손 충 당 금 환 입	××

◈ 대손상각비(판매비(물류원가)와관리비), 대손충당금환입(판매관리비의 부(−)의 계정), 대손충당금(차감적 평가계정)

② 연령분석법

거래처별 연령조사표를 작성하고 회수기일의 경과 정도에 따라 각각 별도의 상이한 추정대손율을 적용하여 대손예상액을 산출하는 방법으로 기일분석법이라고도 한다. 연령분석법은 매출채권의 기간이 오래된 것은 대손율이 높고, 최근의 것이나 기간이 도래하지 않은 것은 대손율이 낮을 것이라는 것이 그 기본적인 구상이다.

[예문] 회계기말 수정전 매출채권은 ₩70,000이고 대손충당금 잔액은 ₩1,000이다. 연령분석법을 이용하여 기말 수정분개를 하시오.

경과기간	매출채권	대손추정율(%)
미경과분	₩60,000	0.5
1 – 30일	6,000	5
31 – 60일	2,000	10
61일 이상	2,000	20

㉠ 계산과정 : {(60,000 × 0.005) + (6,000 × 0.05) + (2,000 × 0.1) + (2,000 ×0.2)} – 1,000 = 200

㉡ 분 개 : (차) 대손상각비 200 (대) 대손충당금 200

3. 대손(손상) 발생시

특정 채권이 회수가 불가능하다고 판단될 경우, 즉, 손상사건이 발생한 경우 손상차손금액을 대손충당금과 상계하고 대손충당금이 부족한 경우 대손상각비로 인식한다.

구 분	차 변		대 변	
대손충당금 있다.	대 손 충 당 금	××	외 상 매 출 금	××
대손충당금 없다.	대 손 상 각 비	××	외 상 매 출 금	××

4. 대손(손상)된 것 회수시

이미 대손처리 하였던 채권을 다시 회수할 때에 대손충당금으로 처리한다.

구 분	차 변		대 변	
전기 손상된 것 회수시	현 금	××	대 손 충 당 금	××
당기 손상된 것 회수시	현 금	××	대 손 충 당 금 (대 손 상 각 비	×× ××)

5. 대손충당금 계정

대손충당금

차변	대변
대손 발생액 대손충당금환입액	전기이월(기초잔액)
차기이월(기말잔액)	대손추가 설정액 대손된 것 회수액

매출채권 ₩20,000이고, 대손충당금 ₩1,000이 있는 경우 재무상태표 표시방법은 다음의 두가지 방법이 있다.

재무상태표

자 산	금 액		부채·자본	금 액
매 출 채 권		19,000		

재무상태표

자 산	금 액		부채·자본	금 액
매 출 채 권	20,000			
대손충당금	(1,000)	19,000		

멘토노트

✔ 결산시 대손을 예상(설정)하다.
① 부족시(+) : (차) 대손상각비 ×× (대) 대 손 충 당 금 ××
② 과잉시(−) : (차) 대손충당금 ×× (대) 대손충당금환입 ××
◈ 공식 : 매출채권 × 대손율 − 대손충당금잔액 = 대손추가설정액(또는 대손 환입액)

✔ 매출채권에 대한 대손상각비는 판매비(물류원가)와관리비이고, 기타채권의 대손상각비는 기타(영업외)비용이다.

기본문제

section 05

01. 다음 거래를 분개하시오.

(1) 천안상사는 외상매출금 ₩2,000,000에 대하여 2%의 대손충당금을 설정하다.
(단, 대손충당금 잔액이 ₩30,000인 경우)

(2) 천안상사는 외상매출금 ₩2,000,000에 대하여 2%의 대손충당금을 설정하다.
(단, 대손충당금 잔액이 ₩50,000인 경우)

(3) 전기에서 이월된 외상매출금 ₩2,000,000 중 ₩200,000이 회수불능 되었다.
(단, 대손충당금계정 잔액은 ₩150,000원이다.)

(4) 거래처에 매출하여 받은 약속어음 ₩1,000,000이 거래처의 파산으로 회수 불가능한 것으로 판명되었다. (단, 이미 대손충당금 ₩400,000원이 설정되어 있다.)

(5) 거래처에 매출하여 받은 약속어음 ₩1,000,000이 거래처의 파산으로 회수 불가능한 것으로 판명되었다. (단, 이미 대손충당금 ₩1,200,000이 설정되어 있다.)

(6) 전기에 대손 처리한 외상매출금 ₩30,000을 현금으로 받다.
(단, 대손처리 당시 대손충당금 잔액 ₩20,000이 있었다.)

(7) 당기에 대손 처리한 외상매출금 ₩30,000을 현금으로 받다.
(단, 대손처리 당시 대손충당금 잔액 ₩20,000이 있었다.)

NO	차변과목	금 액	대변과목	금 액
(1)				
(2)				
(3)				
(4)				
(5)				
(6)				
(7)				

검정문제

01. (주)대한의 20×1년 기초 대손충당금 잔액은 ₩250,000이다. 3월에 ₩100,000의 대손이 발생하였고 기말 수정분개 시 ₩50,000의 대손 충당금을 추가로 계상하였다. 기말 수정분개를 완료한 이후에 대손 충당금계정 잔액은 얼마인가?

① ₩150,000　② ₩200,000
③ ₩250,000　④ ₩300,000

02. 다음의 주어진 회계자료에 의해서 대손 회계 처리 설명 중 올바른 것은?

> (주)대한은 결산시점에 개별회사 외상매출금의 기말잔액을 기초로 대손예상액을 추정한다. 결산 시 외상매출금 잔액 ₩8,000,000에 대해서 2%의 대손이 추정되었으며, 기말에 대손충당금의 잔액이 ₩200,000이 있었다.

① 차변에 대손충당금 ₩40,000과 대변에 대손충당금 환입 ₩40,000을 기록한다.
② 차변에 대손상각비 ₩160,000과 대변에 대손충당금 ₩160,000을 기록한다.
③ 차변에 대손상각비 ₩40,000과 대변에 대손충당금 ₩40,000을 기록한다.
④ 차변에 대손상각비 ₩40,000과 대변에 대손충당금 환입 ₩40,000을 기록한다.

03. (주)서울은 기말 매출채권의 2%를 대손추정액으로 설정하는 회계정책을 취하고 있다. (주)서울의 20×1년말 현재 매출채권 잔액이 ₩1,500,000이고 결산분개 전 대손충당금 잔액이 ₩15,000일 경우 (주)서울의 대손추정과 관련한 분개로 적절한 것은?

①	(차) 대손상각비	30,000	(대) 매출채권	30,000
②	(차) 대손상각비	30,000	(대) 대손충당금	30,000
③	(차) 대손충당금	15,000	(대) 대손충당금환입	15,000
④	(차) 대손상각비	15,000	(대) 대손충당금	15,000

04. 기말 매출채권 잔액은 ₩500,000이며, 이 중 2%가 대손 될 것으로 추정된다. 기말 현재 대손충당금계정의 잔액이 ₩12,000이라면, 수정분개는 어떻게 되는가?(단, 회계처리는 충당금설정법에 의함)

①	(차) 대손충당금	2,000	(대) 대손상각비	2,000
②	(차) 매출채권	2,000	(대) 대손상각비	2,000
③	(차) 대손충당금	2,000	(대) 대손충당금환입	2,000
④	(차) 매출채권	2,000	(대) 대손충당금환입	2,000

05. (주)상공의 20×1년 기말 외상매출금 잔액은 ₩800,000이며, 결산정리분개를 하기 전의 관련 대손충당금 잔액은 ₩12,000이다. (주)상공은 기말외상매출금의 1%에 해당하는 금액이 대손될 것으로 예상하고 있다. 결산시 적절한 결산정리분개는?

① (차) 대손상각비 8,000 (대) 대손충당금 8,000
② (차) 대손상각비 4,000 (대) 대손충당금 4,000
③ (차) 대손충당금 4,000 (대) 대손충당금환입 4,000
④ (차) 대손충당금 8,000 (대) 대손충당금환입 8,000

06. 당기 중에 거래처의 파산으로 외상매출금 중 ₩50,000의 회수가 불가능한 것으로 밝혀졌다. 이때의 대손충당금잔액이 ₩40,000이므로 회사는 다음과 같이 분개하였다.

(차)	대손충당금	40,000	(대) 외상매출금	50,000
	대손상각비	10,000		

당기말의 외상매출금잔액이 ₩800,000이고 외상매출금의 1%를 대손으로 예상할 때 당기말에 외상매출금의 대손충당금과 관련된 적절한 분개는?

① (차) 대손상각비 8,000 (대) 대손충당금 8,000
② (차) 대손상각비 18,000 (대) 대손충당금 18,000
③ (차) 대손충당금 32,000 (대) 대손충당금환입 32,000
④ (차) 대손충당금 2,000 (대) 대손충당금환입 2,000

07. 부도주식회사의 회계기말 수정전 매출채권은 ₩350,000이고 대손충당금 잔액은 ₩5,000이다. 기말 수정분개시 대손상각비를 얼마 계상하여야 할 것인가? 부도주식회사는 대손을 연령분석법을 이용하여 추정하고 있다. 이에 필요한 자료는 다음과 같다.

경과기간	매출채권	대손추정율(%)
미경과분	₩300,000	0.5
1 - 30일	30,000	5
31 - 60일	10,000	10
61일 이상	10,000	20

① ₩1,000
② ₩2,000
③ ₩3,000
④ ₩4,000

08. 번성상사는 회수불가능한 것으로 판단하여 20×1년 9월 30일자로 장부에서 제각하였던 쇠망상사에 대한 매출채권 ₩150,000을 20×2년 5월 20일에 현금으로 회수하였다. 제각 당시 대손충당금 잔액은 ₩140,000이었으며, 대손충당금의 설정은 합리적인 것으로 판단된다. 회수시에 번성상사가 하여야 할 분개로 옳은 것은?

①	(차) 현금	150,000	(대)	대손충당금	150,000
②	(차) 현금	150,000	(대)	매출채권	140,000
				전기오류수정이익	10,000
③	(차) 현금	150,000	(대)	상각채권추심이익	150,000
④	(차) 현금	150,000	(대)	전기오류수정이익	150,000

09. 대손충당금 및 대손상각비와 관련된 다음 설명 중 잘못된 것은?

① 대손충당금을 설정하는 이유는 수익과 비용을 적절히 대응시켜 정확한 당기순이익을 계산하고 적절한 자산평가를 하기 위한 것이다.
② 충당금설정법이란 대손충당금계정을 사용하여 손상차손금액을 매출채권에서 가산하는 방법을 말한다.
③ 직접상각법이란 손상차손금액을 매출채권금액에서 직접차감하는 방법을 말한다.
④ 기말 결산 시점에 매출채권 및 기타채권에 대하여 손상발생을 검토하고 최초 유효이자율로 할인한 추정미래현금의 현재가치외 채권의 장부금액의 차이를 대손상각비로 계상 한다.

10. 대손충당금 및 대손상각비와 관련된 다음 설명 중 잘못된 것은?

① 대손충당금을 설정하는 이유는 수익과 비용을 적절히 대응시켜 정확한 당기순이익을 계산하고 적절한 자산평가를 하기 위한 것이다.
② 대여금에 대한 대손상각비는 당기손익에 반영 하지만, 매출채권에 대한 대손상각비는 당기손익에 반영하지 않는다.
③ 대손충당금 잔액을 초과하여 대손이 발생하더라도 전기오류수정손실로 처리하지 않는다.
④ 매출채권에 대한 대손충당금 등은 해당 자산이나 부채에서 직접 가감하여표시할 수 있다. 이 경우 가감한 금액을 주석으로 기재한다.

11. 매출채권이 대손충당금 잔액 범위 내에서 대손 확정되는 경우 행하는 분개의 영향을 올바르게 설명한 것은?

① 대손충당금에는 영향을 미치지 않는다.
② 매출총이익에는 영향을 미치지 않는다.
③ 매출총이익을 감소시킨다.
④ 유동자산을 증가시킨다.

06

기타채권 · 채무에 관한 거래

06 section 기타채권 · 채무에 관한 거래

1. 단기대여금(자산)과 단기차입금(부채)

차용증서나 어음 등을 받고 금전을 빌려주거나 빌려 온것

구 분	차 변		대 변	
현금을 빌려주면	단기대여금	50,000	현금	50,000
단기대여금과 이자를 회수시	현금	52,000	단기대여금 이자수익	50,000 2,000
현금을 빌려 오면	현금	50,000	단기차입금	50,000
단기차입금과 이자를 지급시	단기차입금 이자비용	50,000 2,000	현금	52,000

2. 미수금(자산)과 미지급금(부채)

일반적 상거래 이외의 거래에서 발행하는 채권과 채무

구 분	차 변		대 변	
비품 외상 처분시	미수금	100,000	비품	100,000
비품 외상 구입시	비품	100,000	미지급금	100,000

3. 선급금(자산)과 선수금(부채)

상품·제품·원재료 등 매매와 관련하여 계약금(주문대금)으로 미리 지급하거나 수취하는 경우

구 분	차 변		대 변	
상품 계약금 지급시	선급금	10,000	현금	10,000
상품 매입시	매입	100,000	선급금 외상매입금	10,000 90,000
상품 계약금 수입시	현금	10,000	선수금	10,000
상품 매출시	선수금 외상매출금	10,000 90,000	매출	100,000

4. 가지급금과 가수금

지출 및 수입이 있지만 이를 처리할 계정과목이 확정되지 않았거나 계정은 확정되었지만 금액이 정산되지 않은 경우

구 분	차 변		대 변	
여비 개산액 지급시	가지급금	200,000	현금	200,000
출장비 정산하면	여비교통비 현금	180,000 20,000	가지급금	200,000
출장사원의 송금시	보통예금	600,000	가수금	600,000
가수금 내용 판명시	가수금	600,000	외상매출금	600,000

5. 예수금(부채)

제3자에게 지급하여야 할 금액을 거래처나 종업원으로부터 받아 일시적으로 보관하는 경우

구 분	차 변		대 변	
급여 지급시	종업원급여	1,000,000	예수금 현금	40,000 960,000
예수금 납부시	예수금	40,000	현금	40,000

6. 상품권선수금(부채)

상품을 인도하기 전에 상품권을 발행하여 판매한 경우에는 실제로 매출이 이루어지지 않았으므로 상품권선수금계정 대변에 기장을 한다.

구 분	차 변		대 변	
상품권 액면발행시	현금	50,000	상품권선수금	50,000
상품 인도시	상품권선수금	50,000	매출	50,000
상품권 할인발행시	상품권할인액 현금	5,000 45,000	상품권선수금	50,000
상품 인도시	상품권선수금 매출	50,000 5,000	매출 상품권할인액	50,000 5,000

- 상품권 할인액은 상품권선수금 계정에서 차감하는 형식으로 재무상태표에 표시하며, 상품과 교환이 이루어진 경우 매출에누리로 처리하여 매출액에서 차감한다.
- 상품권의 유효기간이 경과하고 상법상 소멸시효가 완성된 경우에는 소멸시효의 완성시점에서 잔액을 전부 기타 수익(잡이익)으로 인식한다.

7. 미결산

거래가 발생하였으나 그 결과가 아직 확정되지 않아 일시적으로 사용하는 가계정이다.

구 분	차 변	대 변
소송을 제기하면	미 결 산 ××	단 기 대 여 금 ××
손해배상을 청구하면	미 결 산 ××	외 상 매 출 금 ××

8. 장기채무의 유동성대체

유동성장기부채란 장기차입금등과 같은 비유동부채중에서 보고기간말로부터 1년 이내에 상환기일이 도래한 것을 유동부채로 재분류할 때 설정되는 계정과목이다.

구 분	차 변	대 변
장기차입금의 지급기일이 1년 이내로 도래한 경우	장 기 차 입 금 ××	유동성장기부채 ××

멘토노트

✔ 상품권은 상품권선수금계정으로 회계처리 한다.

01. 다음 거래를 분개하시오. (단, 상품계정은 3분법, 채권·채무는 통제계정에 의할 것)

(1) 아라리오백화점은 상품권 2매 @₩100,000에 판매하고 대금은 현금으로 받다.

(2) 아라리오백화점은 상품 ₩300,000을 판매하고, 자사가 발행한 상품권 ₩200,000과 현금 ₩100,000을 받았다.

(3) 아라리오백화점은 상품권 10매 @₩100,000을 10%할인 판매하고 대금은 현금으로 받다.

(4) 아라리오백화점은 상품 ₩1,000,000을 매출하고 위의 상품권을 받다.

(5) 수금사원 브라우니가 거래처에서 외상매출금 ₩300,000을 회수하여 행방불명이 되어 재정보증인에게 변상을 요구하다.

(6) 아롱상사에 6개월간 대여한 ₩5,000,000의 상환 기일이 되어 지급을 청구하였으나, 지급거절하여 법원에 소송을 제기하다. 그리고 소송비용 ₩100,000은 현금으로 지급하다.

NO	차변과목	금 액	대변과목	금 액
(1)				
(2)				
(3)				
(4)				
(5)				
(6)				

02. 독도 상점의 다음 거래를 분개하시오.

(1) 20×1년 1월 3일 운영자금을 조달하기 위하여 우리은행에서 현금 ₩5,000,000(상환기간 2년, 이자율 연10%)을 차입하다.

(2) 20×1년 12월 31일 위 차입금 이자 미지급액을 계상하고, 차입금을 유동부채로 재분류하다.

NO	차변과목	금 액	대변과목	금 액
(1)				
(2)				

01. (주)금강상사는 상품권의 발행시 "상품권선수금"계정을 이용하여 회계처리하고 있다. 상품 ₩150,000을 판매하고, 자사가 발행한 상품권 ₩100,000과 현금 ₩50,000을 받았다. 적절한 분개는?(단, 상품매매에 관한 것은 3분법으로 처리할 것)

①	(차) 외상매출금	100,000	(대) 매출	150,000
	현금	50,000		
②	(차) 가수금	100,000	(대) 매출	150,000
	현금	50,000		
③	(차) 가지급금	100,000	(대) 매출	150,000
	현금	50,000		
④	(차) 상품권선수금	100,000	(대) 매출	150,000
	현금	50,000		

02. (주)삼풍백화점은 9월 5일 상품권 액면가액 ₩500,000을 10% 할인 발행하고 현금을 받았다. 10월 20일 상품을 판매하고 그 대금은 앞서 발행하였던 상품권 ₩500,000으로 회수하였다. 10월 20일의 분개로 올바른 것은?

①	(차) 상품권선수금	500,000	(대) 매출	500,000
②	(차) 상품권선수금	500,000	(대) 매출	450,000
			상품권할인액	50,000
③	(차) 상품권선수금	450,000	(대) 매출	500,000
	매출에누리	50,000		
④	(차) 상품권선수금	500,000	(대) 매출	500,000
	매출에누리	50,000	상품권할인액	50,000

03. 상품권과 관련된 설명으로 틀린 것은?

① 상품권을 할인 판매한 경우 할인액을 차감한 잔액을 선수금계정에 계상한다.

② 상품권 잔액을 환급하여 주는 때에는 선수금과 상계한다.

③ 장기미회수상품권의 상법상 소멸시효가 완성된 경우에는 완성된 시점에서 잔액을 전부 기타수익으로 인식하여야 한다.

④ 매출수익은 상품과의 교환에 따라 상품권을 회수할 때 인식한다.

04. 다음 거래에 대한 날짜 별 분개 중에서 틀린 것은?

12월 15일	: 직원 출장 시 출장비를 대략 계산하여 ₩200,000을 현금 지급하다.
12월 20일	: 출장지에서 직원이 원인불명의 금액 ₩150,000을 보내왔다.
12월 25일	: 출장이 끝난 후 직원의 출장비 정산 결과 ₩50,000 현금을 추가 지급했다.
12월 26일	: 원인불명의 송금액은 매출채권을 회수한 것으로 판명되었다.

① 12월 15일	(차) 가지급금	200,000	(대) 현금	200,000
② 12월 20일	(차) 현금	150,000	(대) 가수금	150,000
③ 12월 25일	(차) 출장비	50,000	(대) 현금	50,000
④ 12월 26일	(차) 가수금	150,000	(대) 매출채권	150,000

05. 계정과목이나 금액이 미확정된 것을 지급할 때, 확정될 때까지 일시적으로 처리하는 가계정으로 재무상태표에 기재 해서는 안되는 계정과목은?

① 가지급금 ② 예수금
③ 선수금 ④ 미지급금

06. 다음 중 예수금에 대한 설명으로 옳은 것은?

① 예수금은 관련된 자산의 차감계정으로서 재무상태표에 표시한다.
② 회사가 제3자에게 지급해야 할 금액이지만 장기적으로 회사에 다시 환급되는 성격을 가지고 있다.
③ 종업원의 급여에 관련된 근로소득세를 대표적인 예로 들 수 있다.
④ 구매자가 상품을 구입하겠다고 미리 돈을 주는 경우에 처리하는 계정이다.

07. 다음에서 화재로 인한 재해손실은?

화재로 인하여 장부가액 ₩20,000,000 (감가상각누계액 ₩10,000,000)인 건물이 전소하였다. 본 건물에 대하여 화재보험사로부터 ₩7,000,000의 보험금을 받아 당좌예입 하였다.

① ₩3,000,000 ② ₩7,000,000
③ ₩10,000,000 ④ ₩20,000,000

정리 NOTE

07

재고자산

1. 재고자산의 정의
2. 재고자산의 종류
3. 재고자산의 취득원가
4. 재고자산의 조정항목
5. 상품공식
6. 재고자산의 평가방법
7. 재고자산감모손실과 재고자산평가손실
8. 재고자산의 추정방법
9. 특수매매

section

07 재고자산

1. 재고자산의 정의

재고자산이란 기업의 정상적인 영업활동과정에서 판매목적(상품, 제품)으로 소유하고 있거나, 판매할 제품의 생산을 위하여 소유하고 있는 저장품, 원재료와 생산중에 있는 재공품등을 말한다. 또한 재고자산의 수익인식(매출)시점은 상품 또는 제품을 인도한날 인식하게 되어있다.

2. 재고자산의 종류

(1) 상 품	판매를 목적으로 구입한 상품
(2) 저장품	소모품·소모공구기구비품·수선용부분품 및 기타저장품
(3) 원재료	제품제조를 위하여 매입한 원료와 재료
(4) 재공품	제품 또는 반제품의 제조를 위하여 제조과정에 있는 것
(5) 제 품	판매를 목적으로 제조한 생산품·부산물
(6) 반제품	자가 제조한 중간제품과 부분품

3. 재고자산의 취득원가

재고자산의 취득원가에는 매입가격과 매입부대비용을 포함하고, 매입환출 및 에누리와 매입할인을 차감하여 계산한다. 매입부대비용에는 매입운임, 매입수수료, 하역비, 보관료 등이 있다.

매입가격 + 매입부대비용(매입운임, 매입수수료, 하역비, 보관료) = 재고자산 취득원가

- **선적지 인도조건** : 상품의 선적시점에 소유권이 판매자에서 구매자에게 이전되므로 선적이후 운임이나 보험료는 구매자의 부담이고 매입원가에 포함한다.
- **도착지 인도조건** : 상품이 목적지에 도착하는 시점에 소유권이 판매자에서 구매자로 이전되므로 도착 할 때까지의 운임이나 보험료는 판매자의 부담으로 판매비(물류원가)와 관리비로 처리한다.

4. 재고자산의 조정항목

(1) 환출	매입했던 상품이나 원재료 중 파손이나 견본상이품 등을 돌려보낸 것
(2) 매입에누리	매입했던 상품이나 원재료 중 파손이나 불량 및 견본상이품 등에 대해 값을 깎은 것
(3) 매입할인	외상매입금을 약정기일 이전에 지급으로 할인받은 금액
(4) 환입	매출했던 상품이나 제품 중 파손이나 견본상이품 등이 되돌아 온 것
(5) 매출에누리	매출했던 상품이나 제품 중 파손이나 불량 견본상이품 등에 대해 값을 깎아 준 것
(6) 매출할인	외상매출금을 약정기일 이전에 회수함으로써 할인해 준 금액

5. 상품공식

(1) 총매입액(매입제비용) - 환출 및 매입에누리·매입할인 = 순매입액

(2) 총매출액 - 환입 및 매출에누리·매출할인 = 순매출액

(3) 기초재고액 + 순매입액 - 기말재고액 = 매출원가

(4) 순매출액 - 매출원가 = 매출총이익

Q 판매가능액 = 기초재고액 + 순매입액 (또는 기말재고액 + 매출원가)

6. 재고자산의 평가방법

(1) 재고자산의 수량결정방법

① **계속기록법** : 장부에 남아있는 재고자산 수량을 기말재고자산 수량으로 결정한다.
기초재고수량 + 당기매입수량 - 당기매출수량 = 기말재고(장부)수량

② **실제재고조사법** : 기말에 실제 조사한 재고수량을 기말재고자산 수량으로 결정한다.
기초재고수량 + 당기매입수량 - 기말재고(실제)수량 = 당기매출수량

Q 재고자산감모손실은 계속기록법과 실제재고조사법을 병행해야 파악 할 수 있다.

(2) 재고자산 매출단가 결정방법

① **개별법**(specific identification method) : 재고자산의 원가를 개별적으로 파악하여 매출원가와 기말재고액을 결정하는 방법이다.

특징 ㉠ 주로 고가품이나 귀중품에 적용이 가능하다.
㉡ 실제물량흐름과 일치하고 이론적으로 가장이상적인 방법이다.
㉢ 수익과 비용이 정확하게 대응되어 정확한 이익을 측정할 수 있다.

② **선입선출법**(first in first out method : FIFO) : 먼저 매입한 상품을 먼저 인도하는 형식으로 인도단가를 결정하는 방법이다.

특징 ㉠ 과거 매입액이 매출원가가 된다.
㉡ 최근 매입액이 기말상품재고액이 된다.
㉢ 물가상승시 매출원가가 적고 매출이익은 크게 표현된다.
㉣ 일반적 물량흐름과 일치한다.

③ **후입선출법**(last in first out method : LIFO) : 최근에 매입한 상품을 먼저 인도하는 형식으로 인도단가를 결정하는 방법이다. (단, K-IFRS에서는 후입선출법을 허용하지 않는다.)

특징 ㉠ 최근 매입액이 매출원가가 된다.
㉡ 과거 매입액이 기말재고액이 된다.
㉢ 물가상승시 매출원가가 크고 매출이익은 적게 표현된다.

④ **이동평균법**(moving average method : MAM) : 상품 매입시 마다 평균단가를 구하여 인도단가로 결정하는 방법이다.

$$\bullet \text{이동평균단가} = \frac{\text{매입직전의 재고액} + \text{금번의 매입액}}{\text{매입직전의 재고수량} + \text{금번의 매입수량}}$$

특징 : 실제재고조사법에서는 사용불가

⑤ **총평균법**(total average method : TAM) : 기초재고액과 일정기간에 대한 순매입액의 합계액을 기초수량과 순매입수량을 합산한 수량으로 나누어서 총평균법단가를 구하고 이를 인도단가로 결정하는 방법이다.

$$\bullet \text{총평균단가} = \frac{\text{기초재고액} + \text{당기매입액}}{\text{기초재고수량} + \text{당기매입수량}}$$

특징 : 장부마감시 일정기간의 말일까지 기다려야 된다.

> ⓠ 가중평균법 : 이동평균법, 총평균법
>
> ⓠ 물가상승시 기말재고액과 매출총이익의 크기
> 선입선출법 〉 이동평균법 〉 총평균법 〉 후입선출법
>
> ⓠ 물가상승시 매출원가의 크기
> 선입선출법 〈 이동평균법 〈 총평균법 〈 후입선출법

7. 재고자산감모손실과 재고자산평가손실

(1) 재고자산감모손실 : 실제재고수량이 장부재고수량보다 부족한 경우

- 장부재고액 - 실제재고액 = 재고자산감모손실
- (장부재고수량 - 실제재고수량) × 단위당원가 = 재고자산감모손실

① 정상적인 감모손실(원가성이 있는 경우)은 매출원가에 산입하고, 비정상적인 감모손실(원가성이 없는 경우)는 기타(영업외)비용으로 처리한다.

② 감모손실 계상시 (차) 재고자산감모손실 ×× (대) 이 월 상 품 ××
(매 출 원 가)

(2) 재고자산평가손실 : 순실현가능가치(시가)가 장부가액보다 하락한 경우

- 원가에 의한 실제재고액 - 순실현가능가치(추정판매가치-추정판매비) = 재고자산평가손실
- 실제재고수량 × (단위당원가 - 단위당순실현가능가치) = 재고자산평가손실

① 재고자산평가손실은 항상 매출원가에 포함 시킨다.

② 평가손실계상시

(차) 재고자산평가손실 ×× (대) 재고자산평가충당금 ××
(매 출 원 가)

③ 가격회복시

(차) 재고자산평가충당금 ×× (대) 재고자산평가충당금환입 ××

> ⓠ 시가가 회복되면 재고자산의 최초 취득원가 한도까지만 재고자산평가충당금을 환입하며, 재고자산평가충당금은 재고자산에 대한 차감적평가계정이다.
>
> ⓠ 재고자산의 평가는 종목별저가기준을 적용하여 평가한다.
>
> ⓠ 재고자산의 시가는 순실현가능가치(판매가치)를 적용한다. 단, 원재료는 현행대체원가(구매가치)로 평가한다.

8. 재고자산의 추정방법

(1) 소매재고법

판매가(소매가)로 파악된 기말재고자산에 원가율을 곱하는 방법으로 매출가격환원법이라고도 한다. 백화점이나 할인점은 재고자산의 종류가 다양하여 거래시마다 원가를 계산하는 것이 비경제적인 경우에 사용한다.

① 원가율 = $\dfrac{\text{기초재고액(원가)} + \text{당기매입액(원가)}}{\text{기초재고액(매가)} + \text{당기매입액(매가)}}$

② 기말재고(매가) = 기초재고액(매가) + 당기매입액(매가) − 매출액

③ 기말재고액(원가) = 기말재고액(매가) × 원가율

④ 매출원가 = 매출액 × 원가율

(2) 매출총이익율법

과거의 추정 매출총이익율을 이용하여 매출원가를 산정하고 판매가능상품원가에서 매출원가를 차감하여 기말재고액을 구하는 방법이다. 기업회계기준에서 인정하는 방법은 아니지만 실지재고조사 없이 중간결산을 하거나 재해로 재고자산의 기록이 멸실된 경우 불가피하게 사용할 수 있다.

① 매출총이익율 = 매출총이익 ÷ 매출액

② 매출원가 = 매출액 × (1−매출총이익율)

③ 기말재고액 = 판매가능상품 − 매출원가

9. 특수매매

(1) 미착상품 : 화물대표증권(화물상환증, 선화증권)

구 분	차 변		대 변	
화물대표증권 매입시	미착상품	5,000	외상매입금	5,000
상품이 도착하면	매입	5,000	미착상품	5,000
화물대표증권 매출시	매입 외상매출금	5,000 6,000	미착상품 (미착상품)매출	5,000 6,000

(2) 위탁판매(판매를 부탁하는것)

구 분	차 변		대 변	
위탁판매 적송시	적송품	5,300	매입 현금(적송제비용)	5,000 300
적송품이 판매되어 매출계산서가 도착하면	매입 판매수수료 외상매출금	5,300 200 5,800	적송품 (적송품)매출	5,300 6,000

(3) 수탁판매(판매를 부탁받은것)

구 분	차 변		대 변	
수탁품을 인수하고 인수비용을 지급하면	수탁판매	200	현금	200
	※ 수탁품은 위탁자소유라 분개하지 않는다.			
수탁품이 판매되면	현금	8,000	수탁판매	8,000
매출계산서 송부	수탁판매	300	보관료(등) 수수료수익	100 200
실수금 송금	수탁판매	7,500	현금	7,500

(4) 위탁매입(매입을 부탁 하는것)

구 분	차 변		대 변	
계약금(착수금)지급시	선급금	500	현금	500
위탁매입품 도착	매입	6,000	선급금 외상매입금	500 5,500

(5) 수탁매입(매입을 부탁 받은것)

구 분	차 변		대 변	
계약금(착수금)수입시	현금	500	수탁매입	500
수탁품 매입시	수탁매입	5,000	외상매입금	5,000
매입계산서 송부	수탁매입	1,000	보험료(등) 수수료수익	300 700
대신지급금 수입	현금	5,500	수탁매입	5,500

(6) 시용판매

시용판매라 함은 상품을 고객에게 발송하여 고객이 시험적으로 사용해 본 후 구입 여부를 결정함으로써 이루어지는 판매를 말한다. 시용매출에 있어서는 매입자가 매입의사를 표시한 날에 수익이 실현되는 것으로 보아야 한다. 따라서 고객으로부터 매입의 의사표시를 받을 때까지는 상품을 비록 발송하였더라도 재고자산으로 계상하여야 하고, 시송품의 과목으로 구분하여 기재하여야 할 것이다.

① 대구상점은 갑상품 ₩300,000(원가 ₩200,000)을 시용판매조건으로 발송하다.(대조계정 사용)

(차) 시 송 품 300,000 (대) 시 용 가 매 출 300,000

② 대구상점으로부터 위의 상품을 전부 매입하겠다는 통보를 받다.

(차) 외 상 매 출 금 300,000 (대) (시 용) 매 출 300,000
시 용 가 매 출 300,000 시 송 품 300,000

③ 대구상점으로부터 구매의사가 없으므로 위의 상품을 모두 반송 받다.

(차) 시 용 가 매 출 300,000 (대) 시 송 품 300,000

(7) 할부판매

할부판매는 상품의 판매대금을 여러 차례로 분할하여 받는 조건으로 판매하는 것이다. 할부판매의 매출수익은 상품 또는 제품을 인도한 시점에 인식한다.

① 강남상점은 원가 ₩100,000, 현금판매가격 ₩150,000의 상품을 ₩180,000에 10개월 할부로 판매하다.

(차) (할부)외상매출금 180,000 (대) (할 부) 매 출 180,000

② 제1회 할부금 ₩18,000을 현금으로 받다.

(차) 현 금 18,000 (대) (할부)외상매출금 18,000

멘토노트

✔ K-IFRS상 수익인식시점(매출인식시점)
① 일반적 매출 : 상품을 인도한날
② 할부매출 : 상품을 인도한날
③ 위탁매출 : 수탁자가 위탁품을 판매한 날
④ 시용매출 : 매입자가 구매의사 표시한 날
⑤ 예약매출 : 진행기준에 따라 실현 되는 것으로 한다.
⑥ 용역매출 : 진행기준에 따라 실현 되는 것으로 한다.
⑦ 상품권 매출 : 물품 등을 제공하고 상품권을 회수한때에 인식한다.

기본문제

01. (　　　)안에 알맞은 말을 써 넣으시오.

(1) 유동자산 중 재고자산에는 (　　　　　), 저장품, (　　　　　), (　　　　　), (　　　　　), 반제품 등이 있다.

(2) ① (　　　　　) − (　　　　　　　　　) = 순매입액
② (　　　　　) − (　　　　　　　　　) = 순매출액
③ 기초재고액 + (　　　　　) − 기말재고액 = (　　　　　)
④ 순매출액 − (　　　　　) = (　　　　　)

(3) 재고자산의 수량결정방법에는(　　　　　), (　　　　　)이 있고, 재고자산 매출단가 결정방법에는 개별법, (　　　　　), (　　　　　), (　　　　　), (　　　　　)등이 있다.

(4) ① 물가 상승시 이익이 가장 적게 나오는 재고자산평가 방법은 (　　　　　)이다.
② 실지 재고조사법에서 사용이 불가능한 재고자산평가 방법은 (　　　　　)이다.
③ 감모손실이 없다는 가정 하에서 계속기록법과, 실지재고조사법의 매출원가와 기말재고가 동일하게 나오는 경우의 평가방법은 (　　　　　)이다.

02. 다음의 내용이 맞으면 (○) 틀리면 (×) 하시오.

(1) 할부판매는 원칙적으로 상품을 인도한날 수익을 인식한다. ································ (　　)
(2) 위탁매출의 경우 수탁자가 위탁자로부터 상품을 인도받는 날에 수익을 인식한다. ····· (　　)
(3) 시용매출은 매입자가 매입의사표시를 한날 수익으로 인식한다. ····························· (　　)
(4) 제조기간이 단기인 예약매출이나 용역매출은 진행기준에 따라 수익을 인식한다. ······· (　　)

03. 다음은 (주)태왕상사의 재고자산(상품)관련 자료이다. 다음 물음에 답하시오.

•기초재고액 : 150,000원	•매입부대비용 : 30,000원	•매출운임 : 35,000원
•매입환출액 : 50,000원	•매입에누리액 : 30,000원	•매입할인 : 20,000원
•당기매출액 : 450,000원	•매출에누리액 : 10,000원	•매출환입 : 40,000원
•당기매입액 : 270,000원	•기말재고액 : 30,000원	•매출할인 : 50,000원

구　분	계산과정	답　란
(1) 순매입액		
(2) 순매출액		
(3) 매출원가		
(4) 매출총이익		

04. 다음의 갑상품에 대한 자료에 의하여 선입선출법과 후입선출법으로 상품재고장을 작성하시오.

3월 1일	:	전월이월	10개	@₩10	₩100
8일	:	매　입	50개	@₩12	₩600
14일	:	매　출	50개	@₩15	₩750
20일	:	매　입	20개	@₩13	₩260
25일	:	매　출	20개	@₩15	₩300

상 품 재 고 장

[선입선출법]　　　　품명 : 갑상품　　　　(단위 : 개)

월일		적 요	인 수			인 도			잔 액		
			수량	단가	금액	수량	단가	금액	수량	단가	금액

매출액 : (₩　　　　)　　매출원가 : (₩　　　　)　　매출총이익 : (₩　　　　)

상 품 재 고 장

[후입선출법]　　　　품명 : 갑상품　　　　(단위 : 개)

월일		적 요	인 수			인 도			잔 액		
			수량	단가	금액	수량	단가	금액	수량	단가	금액

매출액 : (₩　　　　)　　매출원가 : (₩　　　　)　　매출총이익 : (₩　　　　)

05. 다음 갑상품의 자료로 이동평균법과 총평균법에 의한 상품재고장을 작성하시오.

6월 1일	:	전월이월	100개	@₩200	₩20,000
5일	:	매　　입	100개	@₩240	₩24,000
22일	:	매　　출	100개	@₩300	₩30,000
27일	:	매　　입	100개	@₩280	₩28,000

상 품 재 고 장

[이동평균법]　　품명 : 갑상품　　(단위 : 원)

월일		적 요	인 수			인 도			잔 액		
			수량	단가	금액	수량	단가	금액	수량	단가	금액

매출액 : (₩　　　　)　매출원가 : (₩　　　　)　매출총이익 : (₩　　　　)

상 품 재 고 장

[총평균법]　　품명 : 갑상품　　(단위 : 원)

월일		적 요	인 수			인 도			잔 액		
			수량	단가	금액	수량	단가	금액	수량	단가	금액

매출액 : (₩　　　　)　매출원가 : (₩　　　　)　매출총이익 : (₩　　　　)

06. 다음 자료에 의하여 재고자산감모손실과 재고자산평가손실을 계산하면 얼마인가?

- 장부재고수량 : 1,000개	- 실지재고수량 : 900개
- 기말재고원가 : @100원	- 기말재고시가 : @80원

구 분	계산과정	답 란
(1) 재고자산감모손실		₩
(2) 재고자산평가손실		₩

07. 다음 자료에 의하여 소매재고법과 매출총익율법(매출총이익율 35%)에 의하여 기말재고액과 매출원가를 구하시오.

구 분	원 가	매 가
기초재고액	₩580,000	₩950,000
당기순매입액	₩2,150,000	₩3,250,000
당기순매출액		₩3,600,000

구 분	(1) 소매재고법	(2) 매출총이익율법
원가율(매출총이익율)		
기말재고액		
매출원가		

구 분	공 식
소 매 재 고 법	① 원가율 = $\frac{\text{기초재고액(원가)} + \text{당기매입액(원가)}}{\text{기초재고액(매가)} + \text{당기매입액(매가)}}$ ② 기말재고(매가) = 기초재고액(매가) + 당기매입액(매가) − 매출액 ③ 기말재고액(원가) = 기말재고액(매가) × 원가율 ④ 매출원가 = 매출액 × 원가율
매 출 총 이 익 율 법	① 매출총이익율 = 매출총이익 ÷ 매출액 ② 기말재고액 = 기초재고액 + 순매입액 − 매출원가 ② 매출원가 = 매출액 × (1−매출총이익율)

08. 수익인식시점(매출인식시점)을 아래의 물음에 해당하는 기호를 보기에 보기에서 골라 (　　)안에 표기하시오.

> ① 상품을 인도한날
> ② 수탁자가 위탁품을 판매한 날
> ③ 매입자가 구매의사 표시한 날
> ④ 진행기준에 따라 실현 되는 것으로 한다.
> ⑤ 재화가 인도되어 설치와 검사가 완료된 시점
> ⑥ 상품권을 회수한 시점

(1) 일반적매출 ·· (　　)
(2) 할부매출 ·· (　　)
(3) 위탁매출 ·· (　　)
(4) 시용매출 ·· (　　)
(5) 예약매출 ·· (　　)
(6) 용역매출 ·· (　　)
(7) 설치 및 검사조건부 판매 ························ (　　)
(8) 상품권의 판매 ····································· (　　)

검정문제

01. 기초상품재고액 ₩60,000, 매입에누리 ₩10,000, 기말상품재고액 ₩80,000, 매출원가 ₩200,000인 경우 당기 상품총매입액은 얼마인가?

① ₩70,000
② ₩130,000
③ ₩230,000
④ ₩330,000

02. 다음 자료를 기초로 당기의 판매가능액을 계산하면?

당기 매출액	₩100,000	매입할인	₩500
당기 총매입액	60,000	매입에누리	700
기초상품재고액	5,000	기말상품재고액	4,000

① ₩59,800
② ₩61,000
③ ₩63,800
④ ₩65,000

03. 다음은 (주)서울의 20×1년 상품 거래와 관련한 자료이다. 이 자료에 의한 20×1년 매출원가는 얼마인가?

- 기초재고	₩120,000	- 당기 매입	₩500,000
- 매입운임	₩15,000	- 매입에누리	₩8,000
- 매입할인	₩5,000	- 기말재고	₩75,000

① ₩545,000
② ₩547,000
③ ₩560,000
④ ₩565,000

04. 다음은 20×1년의 포괄손익계산서 작성과 관련된 자료이다. 매출총이익은 얼마인가?

- 총 매 출	₩200,000	- 매입운임	₩30,000
- 매출에누리와 환입	₩20,000	- 기말재고자산	₩40,000
- 총 매 입	₩150,000	- 기초재고자산	₩30,000
- 매출할인	₩10,000	- 매입할인	₩20,000
- 판매비	₩70,000	- 법인세비용	₩20,000

① ₩10,000
② ₩20,000
③ ₩30,000
④ ₩40,000

05. 다음 자료에 의하여 매출총이익을 계산한 것으로 맞는 것은?

○ 당기매출액	₩ 2,500,000	○ 기초상품재고액	₩500,000
○ 당기순매입액	₩ 1,000,000	○ 기말상품재고액	₩700,000
○ 환입 및 매출에누리액	₩ 100,000		

① ₩ 800,000 ② ₩ 1,600,000
③ ₩ 2,400,000 ④ ₩ 3,000,000

06. 다음 자료를 이용하여 매출총이익을 구하면 얼마인가?

당기총매입액	₩200,000	매입할인액	₩13,000
매입환출액	4,000	매입에누리액	2,000
당기총매출액	440,000	매출할인액	8,000
광고선전비	12,000		

① ₩251,000 ② ₩239,000
③ ₩259,000 ④ ₩253,000

07. 다음 중 재고자산의 평가손실이 발생한 경우에 대한 설명으로 옳지 않은 것은?

① 물리적으로 손상된 경우
② 완전히 또는 부분적으로 진부화 된 경우
③ 판매가격이 하락한 경우
④ 완성하거나 판매하는 데 필요한 원가가 하락한 경우

08. 다음은 20×1년 수원(주)의 회계자료이다. 수원상사의 매출총이익률이 25%라고 가정할 때 다음 중 20×1년 재고자산감모손실로 옳은 것은?(단, 감모손실은 매출원가에서 조정하지 않는다.)

– 상품재고액(20×1년 1월 1일)	₩140,000
– 매입액	₩745,000
– 매출액	₩981,000
– 상품실사금액 (20×1년 12월 31일)	₩110,000
– 판매원수당	₩120,000

① ₩32,500 ② ₩39,250
③ ₩129,250 ④ ₩149,250

09. 장부상 상품의 기초 잔액 ₩60,000 당기 매입액 ₩540,000 기말 잔액 ₩80,000이고, 기말 상품 재고를 실제 조사한 결과 ₩70,000으로 밝혀졌다. 상품 장부잔액과 실제액과의 차이 중 60%는 정상적인 것이고 나머지는 비정상적인 것이라면 포괄손익계산서에 표시될 매출원가를 계산하면?

① ₩520,000
② ₩524,000
③ ₩526,000
④ ₩530,000

10. 다음 중 3가지 제품을 판매하는 (주)상공의 기말 재고자산에 대한 자료이다. (주)상공이 재고자산의 항목별로 저가법을 적용할 때 기말에 인식할 재고자산평가손실은 얼마인가?

항 목	취득원가	순실현가능가치
상품 1	₩500,000	₩460,000
상품 2	₩300,000	₩270,000
상품 3	₩100,000	₩150,000
합 계	₩900,000	₩880,000

① ₩20,000
② ₩30,000
③ ₩40,000
④ ₩70,000

11. 다우리(주)는 도매업에 종사하고, 재고자산 평가는 종목별로 저가기준을 적용하고 있다. 다음 자료는 20×1년 12월 31일 다우리(주)의 재고자산 기록에서 입수한 자료이다.

상품명	재고수량	취득원가	단위당 추정판매가격	추정판매비
A	1,000	₩3,000	₩4,000	₩900
B	1,500	3,500	3,200	200
C	800	2,300	2,200	100

만약 다우리(주)의 20×1년 1월 1일 기초재고자산이 ₩7,500,000이고, 20×1년 동안의 매입액이 ₩45,000,000이라면 매출원가는 얼마인가?

① ₩42,410,000
② ₩43,320,000
③ ₩47,560,000
④ ₩48,200,000

12. (주)대한개발은 2012년 1월 1일 설립되었으며 2012년 당기순이익은 ₩100,000이다. (주)대한개발은 선입선출법을 적용하고 있으며, 기말재고자산은 ₩30,000이다. 만약 (주)대한개발이 이동평균법을 적용하여 계상한 당기순이익이 ₩105,000이라고 가정한다면, 이동평균법을 적용한 기말재고자산은 얼마인가?

① ₩40,000　　② ₩35,000
③ ₩30,000　　④ ₩25,000

13. 다음 중 재고자산에 대하여 계속기록법을 적용하는 경우에 나타나는 계정과목과 거리가 먼 것은?

① 매출환입　　② 매입환출
③ 매입　　④ 재고자산감모손실

14. 다음은 가전제품을 제조하여 판매하는 기업의 재고자산에 관한 설명이다. 이 중에서 틀린 것은?

① 재고자산은 원가와 순실현가능가치 중 낮은 금액으로 측정한다.
② 재고자산의 감액을 초래했던 상황이 해소되어 순실현가능가치가 상승한 명백한 증거가 있더라도 평가손실은 환입하지 않는다.
③ 통상적으로 상호교환 가능한 대량의 재고자산항목에 개별법을 적용하는 것은 적절하지 아니하다.
④ 재고자산을 현재의 장소에 현재의 상태로 이르게 하는 데 발생한 비용은 원가에 포함한다.

15. 다음 중 재고자산 평가방법 중 선입선출법에 대한 설명이 아닌 것은?

① 실제 물량흐름과 관계 없이 먼저 입고된 재고자산의 원가가 먼저 매출원가로 대응된다는 가정하에 기말재고자산의 단가를 결정한다.
② 물가가 상승하는 경우 매출원가는 과소하게 표시되고 기말재고는 과대표시 되어 당기순이익이 과대하게 표시되는 경향이 있다.
③ 기말재고액은 결산일에 가장 근접한 시점에 구입한 재고가액으로 표시된다.
④ 현행수익에 현행원가가 대응되므로 수익비용대응원칙에 가장 충실하다.

16. 다음 중 현행수익에 과거원가가 대응되고 수익비용의 대응이 부적절하고 물가상승 시 이익이 과대계상 되는 재고자산의 평가방법은?

① 선입선출법　　② 이동평균법
③ 후입선출법　　④ 총평균법

17. 다음 설명 중 잘못된 것은?

① 실지재고조사법을 채택하는 경우, 재고자산감모손실은 별도로 파악되지 않고 매출원가에 포함되게 된다.

② 총평균법은 일정기간의 가중평균단가(총평균단가)를 계산하기 때문에 계산기간이 종료되기 전에는 매출원가를 알 수 없다.

③ 후입선출법을 이용하는 경우, 선입선출법 이용시 보다 항상 매출총이익을 적게 보고할 수 있다.

④ 감모손실이 없는 상태에서 선입선출법을 계속기록법 하에서 적용한 경우와 실지재고조사법 하에서 적용한 경우 계산된 매출원가는 동일하다.

18. 물가가 지속적으로 상승하는 경우 재고자산의 평가방법을 이동평균법에서 총평균법으로 변경하였을 경우 포괄손익계산서의 각 항목에 미치는 영향으로 옳은 것은?

① 매출액이 상승한다.

② 매출원가가 상승한다.

③ 당기순이익이 상승한다.

④ 기말상품재고액이 상승한다.

19. 다음 중 K-IFRS에서 정하고 있는 재고자산 평가방법이 아닌 것은?

① 선입선출법　　② 총평균법

③ 이동평균법　　④ 후입선출법

20. 계속기록법과 선입선출법을 이용하는 경우, 다음 자료에 의하여 계산된 9월말의 상품재고액은 얼마인가?

•9월	1일	전기 이월	100개	@₩200
•9월	5일	상품 판매	40개	
•9월	10일	상품 매입	100개	@₩180
•9월	20일	상품 판매	140개	
•9월	21일	상품 매입	100개	@₩220
•9월	25일	상품 판매	80개	

① ₩8,800　　② ₩8,400

③ ₩8,000　　④ ₩7,800

21. 다음은 한려산업의 20×1년 5월 중 상품 관련 자료이다. 다음 중 계속기록법하의 선입선출법을 적용하여 계산한 20×1년 5월의 매출원가로 옳은 것은?

일 자	단 가	매입수량	매출수량	재고수량
5월 1일	₩25			1,200개
3일			500개	700
12일	30	800		1,500
17일			300	1,200
20일	35	1,000		2,200
31일			1,300	900

① ₩57,500
② ₩63,000
③ ₩65,500
④ ₩67,000

22. 다음 자료를 이동평균법을 적용하여 기말상품의 단가를 계산하면?

○ 9/ 1	갑상품	기초재고액	100개	@₩ 1,000
○ 9/15	갑상품	매 입	100개	@₩ 1,200
○ 9/20	갑상품	매 출	100개	@₩ 2,000
○ 9/25	갑상품	매 입	100개	@₩ 1,300

① ₩1,000
② ₩1,100
③ ₩1,200
④ ₩1,300

23. 다음은 하나의 상품을 판매하는 (주)상공의 7월에 이루어진 매입과 매출거래내역이다. 계속기록법에 의하여 재고자산을 평가할 경우 7월달의 매출총이익은 얼마인가?(단, 재고자산의 단위원가결정 방법은 이동평균법에 의한다.)

7월 1일	기초재고액	100개	@1,000	₩100,000
5일	매 입 액	400개	@1,100	₩440,000
15일	매 출 액	300개	@1,200	₩360,000
20일	매 입 액	200개	@1,120	₩224,000
25일	매 출 액	100개	@1,250	₩125,000

① ₩40,000
② ₩51,000
③ ₩55,000
④ ₩65,000

24. 다음은 상공마트의 20×1년 회계자료이며 매출가격환원법에 의하여 재고자산을 평가한다. 다음 중 상공마트의 20×1년 매출원가로 옳은 것은?

	원 가	매 가
가. 20×1년 1월 1일	₩28,120	₩42,000
나. 20×1년 순매입액	108,000	150,000
다. 20×1년 매입운임	7,880	
라. 20×1년 순매출액		164,100

① ₩114,870 ② ₩116,511
③ ₩118,152 ④ ₩123,075

25. 다음 중 재고자산 평가 방법으로 재무상태표 유용성 증대에 가장 부합되는 평가방법은?

① 이동평균법 ② 총평균법
③ 선입선출법 ④ 후입선출법

26. K-IFRS에서는 재고자산의 평가를 공정가치 또는 순실현가능가치를 인정하고 있지만 대체방법으로 현행원가를 적용할 수 있는 것은?

① 상품 ② 제품
③ 재공품 ④ 원재료

27. 재고자산을 저가법으로 평가하는 경우, 다음중 시가를 순실현가능가치를 이용하는 것이 아닌 것은?

① 상품 ② 제품
③ 재공품 ④ 원재료

28. 다음은 상품매입과 매출에 대한 회계처리방법인 계속기록법과 실지재고조사법에 관련된 설명이다. 옳지 않은 것은?

① 계속기록법을 사용하더라도 기말의 재고를 파악하기 위해 실지재고조사법을 병행하여 적용할 수 있다.
② 계속기록법에서는 판매가 이루어질 때마다 해당 판매에서의 매출원가를 계산해 주어야 한다.
③ 계속기록법에서는 상품관련계정의 결산정리분개가 요구된다.
④ 실지재고조사법에서는 기말에 실제로 남아있는 재고금액을 조사하여 매출원가를 기말에 구한다.

29. 다음은 모모산업(주)의 재고자산을 실지재고조사법으로 파악할 경우에 재고자산평가방법별 매출원가, 기말재고, 매출총이익을 계산한 것이다. 물가가 지속적으로 상승한다는 가정하에 다음 중 재고자산평가방법의 대응으로 옳은 것은?

재고자산평가방법	매출원가	기말재고	매출총이익
A	₩28,000	₩95,000	₩120,000
B	₩25,000	₩98,000	₩123,000
C	₩26,500	₩96,500	₩121,500

	선입선출법	총평균법	이동평균법	후입선출법
①	B	C	해당없음	A
②	A	C	해당없음	B
③	B	해당없음	C	A
④	A	해당없음	C	B

30. 경기상점은 수탁받은 상품 ₩150,000을 매입하고, 대금은 외상으로 하다. 올바른 분개는?

	차변	금액	대변	금액
①	(차) 매입	150,000	(대) 외상매입금	150,000
②	(차) 매입	150,000	(대) 수탁매입	150,000
③	(차) 수탁매입	150,000	(대) 외상매입금	150,000
④	(차) 외상매출금	150,000	(대) 매입	150,000

31. 다음은 각종 거래별로 수익의 인식시기를 설명한 것이다. 가장 틀린 것은?

① 위탁 판매 : 위탁자가 수탁자에게 인도한 시점
② 할부판매 : 재화가 인도되는 시점
③ 설치 및 검사조건부 판매 : 재화가 인도되어 설치와 검사가 완료된 시점
④ 상품권의 판매 : 상품권을 회수한 시점

32. 다음 중 K-IFRS에 의한 수익인식 시점이 아닌 것은?

① 예약매출 : 진행기준에 따라 실현되는 것으로 한다.
② 위탁매출 : 수탁자가 위탁품을 판매한 날
③ 시용매출 : 시용품의 인도한 날
④ 용역매출 : 진행기준에 따라 실현되는 것으로 한다.

33. 다음은 수익 인식과 관련된 설명이다. 옳지 않은 것은?

① 위탁판매의 경우 위탁한 상품의 판매가 이루어진 판매시점에서 수익으로 인식한다.
② 시용판매의 경우 제품을 인도한 시점에서 판매가 이루어진 것으로 보아 수익으로 인식한다.
③ 설치 및 검사 조건부 판매로서 설치과정이 단순한 경우에는 구매자가 재화의 인도를 수락한 시점에서 수익을 인식한다.
④ 대가가 분할되어 수취되는 할부판매의 경우에는 이자부분을 제외한 판매가격에 해당되는 수익을 판매시점에서 인식한다.

34. K-IFRS에 의할 때 다음 중 일반적으로 판매자의 재고자산으로 볼 수 없는 것은?

① 소비자가 매입의사표시를 하지 않은 시용품
② 도착지인도기준에 따라 항해 운송 중인 미착 상품
③ 할부로 판매된 상품
④ 수탁자가 보관하고 있는 위탁 상품

35. K-IFRS의 수익인식기준에 대한 설명으로 옳지 않은 것은?

① 제조기간이 단기인 예약매출이나 용역매출은 진행기준에 따라 수익을 인식한다.
② 장기할부매출은 원칙적으로 상품을 인도한 날에 인식하나, 예외적으로 대금회수일에 수익을 인식할 수 있다.
③ 위탁매출의 경우 수탁자가 위탁자로부터 상품을 인도받은 날에 수익을 인식한다.
④ 시용매출은 매입자가 매입의사표시를 한 날에 수익으로 인식한다.

36. 12월 결산법인인 단양(주)의 다음의 자료에 의하여 기말 재무상태표에 계상되는 재고자산은 얼마인가?

- 기말 재고자산 실사액 : ₩100,000
- 단양(주)가 도착지 인도기준(FOB)으로 구입하여 운송중인 상품액 : ₩30,000
- 단양(주)가 시용판매하였으나 구입의사 표시기간내에 아직 표시하지 않은 상품의 원가 : ₩20,000

① ₩100,000　　② ₩120,000
③ ₩130,000　　④ ₩150,000

37. (주)상공의 20×1년 12월 31일 현재 재고자산은 다음의 사항이 고려되지 않은 상태에서 ₩250,000이다. (주)상공의 20×1년 12월 31일 재고자산금액으로 옳은 것은?

- 구입가격 ₩30,000의 상품이 선적지인도조건(20×1년 12월 28일 선적)으로 구입하고, 송장을 수령하였으나 20×2년 1월 3일에 도착할 예정이다.
- (주)상공의 고객에게 도착지기준으로 20×1년 12월 31일에 상품₩30,000(원가 ₩20,000)을 판매하고 송장을 발송하였는데, 이는 20×2년 1월 4일 도착할 예정이다.
- 시용판매조건으로 판매한 상품 ₩20,000(원가 ₩15,000)이 있으나 20×1년 12월 31일 현재 상품의 구입 의사 표시가 없는 상태이다.

① ₩265,000　　② ₩280,000
③ ₩300,000　　④ ₩315,000

정리 NOTE

08

투자부동산

08 section 투자부동산

1. 비유동자산의 정의

장기적인 투자수익을 얻을 목적이나 장기간 영업활동에 사용할 목적으로 보유하고 있는 자산으로 장기대여금 및 장기수취채권, 기타장기금융자산, 투자부동산, 유형자산, 무형자산, 기타비유동자산으로 분류한다.

2. 비유동자산의 분류

① 장기대여금 및 장기수취채권	장기대여금, 장기미수금
② 기타비유동금융자산	기타포괄손익금융자산, 상각후원가금융자산
③ 투자부동산	
④ 유형자산	토지, 건물, 구축물, 기계장치, 비품, 차량운반구, 건설중인자산, 선박, 공구기구
⑤ 무형자산	영업권, 산업재산권(특허권, 실용신안권, 의장권, 상표권), 광업권, 어업권, 차지권, 저작권, 개발비, 라이선스와 프랜차이즈, 컴퓨터소프트웨어, 임차권리금
⑥ 기타비유동자산	임차보증금, 장기선급금

3. 투자부동산

투자부동산이란 임대수익이나 시세차익을 얻기 위해 보유하고 있는 부동산(토지, 건물)을 말한다.

(1) 투자부동산의 특징

① 기업이 보유하고 있는 다른 자산과 거의 독립적으로 현금흐름을 창출한다. 따라서 창출된 현금흐름이 당해 부동산뿐만 아니라 생산이나 공급과정에서 사용된 다른 자산에도 동시에 귀속되는 자가사용부동산과 구별된다. 여기서 자가사용부동산이란 재화나 생산이나 용역의 제공 또는 관리활동에 사용하기 위하여 보유하고 있는 부동산 즉 업무용부동산을 의미하는 것으로 유형자산으로 분류된다.

② 투자부동산은 시세차익을 얻기 위하여 보유하는 부동산이며, 정상적인 영업과정에서 판매를 목적으로 보유하는 부동산이 아니다. 따라서 정상적인 영업과정에서 판매를 목적으로 보유하는 부동산이라면 재고자산으로 분류되어야 한다.

투자부동산의 예	투자부동산이 아닌 항목의 예
① 장기 시세차익을 얻기 위하여 보유하고 있는 토지 ② 장래 사용목적을 결정하지 못한 채로 보유하고 있는 토지 ③ 직접 소유하고 운용리스로 제공하고 있는 건물 ④ 운용리스로 제공하기 위하여 보유하고 있는 미사용 건물	① 정상적인 영업과정에서 판매하기 위한 부동산이나 이를 위하여 건설 또는 개발 중인 부동산(재고자산) ② 제3자를 위하여 건설 또는 개발 중인 부동산(재고자산) ③ 자가사용부동산(유형자산) ④ 금융리스로 제공한 부동산

(2) 투자부동산의 후속 측정

투자부동산의 경우 원가모형이나 공정가치모형 중 하나를 선택하여 모든 투자부동산에 적용해야 한다.

① 공정가치모형

㉠ 투자부동산의 공정가치변동으로 발생하는 손익은 발생한 기간의 당기손익에 반영한다.

㉡ 공정가치모형에 의하여 측정하는 투자부동산은 감가상각을 하지 않는다.

㉢ 손상을 검토할 필요가 없다.

② 원가모형

㉠ 원가모형에 의하여 측정하는 투자부동산 중 감가상각대상자산은 유형자산과 마찬가지로 감가상각을 하여야 한다.

㉡ 투자부동산의 공정가치는 주석으로 공시해야 한다.

㉢ 보고기간말마다 손상차손을 인식 한다.

멘토노트

✔ 투자부동산 : 임대수익이나 시세차익을 얻기 위해 보유하고 있는 부동산(토지, 건물)

기본문제 section 08

01. 다음 연속된 거래를 분개하시오

(1) (주) 싸이는 20×1년 1월 3일 임대수익을 얻을 목적으로 건물 ₩200,000을 취득하고 대금은 취득등록세 ₩10,000과 함께 당좌수표를 발행하여 지급하다.

(2) (주) 싸이는 공정가치모형으로 평가하고 있으며 20×1년말 공정가치 ₩216,000으로 평가하다.

(3) (주) 싸이는 공정가치모형으로 평가하고 있으며 20×2년말 공정가치 ₩140,000으로 평가하다.

(4) (주) 싸이는 20×3년 1월 3일 위의 건물을 ₩180,000에 매각하고 대금은 자기앞수표로 받다.

NO	차변과목	금 액	대변과목	금 액
(1)				
(2)				
(3)				
(4)				

01. 다음 중 비유동자산에 속하지 않는 것은?

① 유형자산 ② 투자부동산
③ 무형자산 ④ 재고자산

02. 유통업을 영위하는 A회사는 부동산임대수익을 목적으로 건물을 구입하였다. 다음 중 회계처리 해야 할 계정과목은 무엇인가?

① 투자부동산 ② 건물
③ 건설중인자산 ④ 구축물

03. 다음 중에서 투자부동산의 예로 옳지 않은 것은?

① 제3자를 위하여 건설 또는 개발 중인 부동산
② 장기 시세차익을 얻기 위하여 보유하고 있는 토지
③ 장래 사용목적을 결정하지 못한 채로 보유하고 있는 토지
④ 미래에 투자부동산으로 사용하기 위하여 건설 또는 개발 중인 부동산

04. 다음 투자부동산에 대한 내용 중 옳지 않은 것은?

① 재화나 용역의 생산 또는 공급, 관리목적이나 일상적인 거래에서 일어나는 판매목적의 자산은 투자부동산에 포함한다.
② 투자부동산은 임대수익, 시세차익 또는 두가지 모두를 얻기 위해서 보유하고 있는 자산이다.
③ 투자부동산은 최초 인식시점에 원가로 측정한다.
④ 최초 인식시점 후에는 공정가치모형이나 원가모형 중 하나를 선택하여 측정한다.

05. 다음은 (주)대한기업 투자부동산과 관련된 자료이다. (주)대한 기업은 투자부동산에 대하여 공정가치모형으로 측정하고 있다. 20×2년 평가손익을 계산하시오.

가. 취득
- 취득일 : 20×1년 1월 1일 - 취득금액 : ₩1,000,000

나. <u>20×1년 12월 31일</u>
- 공정가치 : ₩700,000

다. <u>20×2년 12월 31일</u>
- 공정가치 : ₩800,000

① 평가손실 ₩100,000 ② 평가손실 ₩200,000
③ 평가이익 ₩100,000 ④ 평가이익 ₩200,000

정리 NOTE

09

유형자산

(K-IFRS 제1016호)

1. 유형자산의 정의
2. 유형자산의 구입
3. 유형자산의 처분
4. 건설중인 자산
5. 유형자산의 취득후 지출(후속원가)
6. 유형자산의 감가상각
7. 유형자산의 손상차손
8. 유형자산의 재평가

09 section 유형자산 (K-IFRS 제1016호)

1. 유형자산의 정의

유형자산은 재화의 생산이나 용역의 제공, 타인에 대한 임대, 또는 자체적으로 사용할 목적으로 보유하고 있으며, 물리적 형태가 있는 비화폐성자산으로 토지, 건물, 기계장치, 구축물, 건설중인자산, 비품, 차량운반구등을 포함한다.

2. 유형자산의 구입

구 분	차 변		대 변	
영업용 건물구입	건 물	× ×	당 좌 예 금	× ×

- 취득원가 = 구입가액 + 취득등록세 + 중개수수료 + 기타구입제비용
- 토지구입시 구건물 철거비용에서 골조등 판매금액을 차감한 후 토지의 취득원가에 가산한다.
- 유형자산 구입시 국·공채 등을 매입하면 매입금액과 현재가치의 차액은 취득원가에 가산한다.
- 유형자산의 취득과 건설에 상당한 기간이 필요하고 그 필요한 자금을 외부로부터 차입한 경우 발생하는 이자는 유형자산 취득원가에 포함한다.

3. 유형자산의 처분

구 분	차 변		대 변	
처분가액 〉 장부금액	감가상각누계액 미 수 금	20,000 40,000	건 물 유형자산처분이익	50,000 10,000
처분가액 〈 장부금액	감가상각누계액 미 수 금 유형자산처분손실	20,000 20,000 10,000	건 물	50,000

- 처분시 제비용은 처분가액에서 직접 차감하여 기록한다.
- 유형자산의 교환거래 원가결정
  ① 이종자산의 교환 : 제공한 자산의 공정가치(처분손익 인식함)
  ② 동종자산의 교환 : 제공한 자산의 장부금액(처분손익을 인식하지 않음)

4. 건설중인 자산

건물을 신축하는 경우 공사착수금이나 중도금을 지급하면 건설중인자산으로 하였다가 건물이 완공되면 건물계정에 대체한다. 또한 건물 등을 취득하기 위하여 지급된 계약금도 선급금계정이 아닌 건설중인자산으로 처리 한다.

구 분	차 변		대 변	
건물 완공전 지급	건 설 중 인 자 산	××	당 좌 예 금	××
건물 완공시	건 물	××	건 설 중 인 자 산 당 좌 예 금	××

5. 유형자산의 취득후 지출(후속원가)

유형자산의 취득이후 사용기간 동안 지출되는 비용 중 미래 경제적 효익을 증가시켜주는 거래로 자산의 내용연수를 연장시키거나 가치를 실질적으로 증가시키는 지출은 자산(자본적지출)으로 처리하여 해당 자산(예 ; 건물, 차량운반구등)의 가액을 증가시키고, 자산의 원상을 회복시키거나 능률유지를 위한 지출은 비용(수익적지출)으로 발생한 시점의 비용(예; 수선비, 차량유지비등)으로 인식한다.

자산으로 처리하는 경우(자본적 지출)

① 본래의 용도를 변경하기 위한 개조
② 계단식 건물에 에스컬레이터 또는 엘리베이터설치
③ 냉난방 장치의 설치나 내용연수 연장
④ 빌딩에 피난시설 등의 설치
⑤ 재해 등으로 인한 건물, 기계, 설비 등이 멸실, 훼손되어 당해 자산의 본래의 용도에 이용가치가 없는 것의 복구
⑥ 중고품을 구입하고 사용 전 수리비지급
⑦ 기타 개량, 확장, 증설 등 자산의 가치를 증가시키는 것

비용으로 처리하는 경우(수익적 지출)

① 오래된 건물 또는 벽의 도색(페인트칠)
② 파손된 유리나 기와의 대체
③ 기계의 소모된 부속품과 벨트의 대체
④ 오래 사용한 자동차의 타이어 또는 배터리 교체
⑤ 재해를 입은 자산에 대한 외장의 복구, 도장, 유리의 삽입
⑥ 건물내부의 조명기구 교환
⑦ 기타 조업가능한 상태의 유지나 원상회복 등을 위한 것

구 분	차 변		대 변	
자산처리(자본적 지출)	(건 물)	××	현 금	××
비용처리(수익적 지출)	(수 선 비)	××	현 금	××

6. 유형자산의 감가상각

유형자산의 감가상각은 사용(이용)가능한 때부터 시작한다. 유형자산은 사용에 의한 소모, 시간의 경과와 기술의 변화에 따른 진부화 등에 의해 경제적 효익이 감소되는 것을 체계적인 방법으로 기간배분하기 위하여 감가상각을 한다. 단, 토지와 건설중인자산은 감가상각을 하지 않는다.

(1) 감가상각비 계산

① **정액법(직선법)** : 취득원가에서 잔존가액을 차감한 금액을 내용연수로 나누어서 매기 균등하게 감가상각비를 계산하는 방법

$$\frac{\text{취득원가 - 잔존가액}}{\text{내용연수}} = \text{감가상각비}$$

② **체감잔액법**

㉠ 이중체감법(정액법의 배법) : 감가상각비의 계산방법은 정률법과 같고 상각률은 잔존가치를 고려하지 않고 정액법의 2배로 적용하는 방법이다. 내용연수의 마지막 연도의 감가상각비는 미상각잔액에서 잔존가치를 차감하여 계산한다.

$$(\text{취득원가}-\text{감가상각누계액}) \div \text{내용연수} \times 2 = \text{감가상각비}$$

㉡ **정률법** : 미상각잔액(취득원가 - 감가상각누계액)에 매기 일정한 상각률을 곱하여 해당 연도의 감가상각비를 계산하는 방법

$$(\text{취득원가}-\text{감가상각누계액}) \times \text{정률} = \text{감가상각비}$$

$$\text{정률} = 1 - \sqrt[n]{\frac{\text{잔존가액}}{\text{취득원가}}} \quad (n=\text{내용연수})$$

㉢ **연수합계법** : 내용 연수의 합계를 분모로 하고, 잔여 내용연수를 분자로 하는 상각률을 감가상각 대상액에 곱해 감가상각액을 산출한다.

$$(\text{취득원가 - 잔존가액}) \times \frac{\text{잔여내용연수}}{\text{내용연수의 합계}} = \text{감가상각비}$$

③ **생산량비례법** : 특정기간 동안에 실제 생산된 수량 또는 작업시간을 기준으로 매기 감가상각비를 계산하는 방법

$$(\text{취득원가} - \text{잔존가액}) \times \frac{\text{당기실제생산량}}{\text{총추정생산량}} = \text{감가상각비}$$

(2) 기장방법

구 분	차 변		대 변	
㉠ 직 접 법	감 가 상 각 비	××	(건 물)	××
㉡ 간 접 법	감 가 상 각 비	××	감 가 상 각 누 계 액	××

- 감가상각비(판매비와 관리비), 감가상각누계액(차감적 평가계정)
- 감가상각의 3요소 : ① 내용년수 ② 취득원가 ③ 잔존가액
- 유형자산의 감가상각은 간접법에 의하여 회계처리 한다.

7. 유형자산의 손상차손

유형자산의 시장가치가 급격히 하락하거나 진부화(구형)되어 유형자산의 미래경제적효익이 현재 보유하고 있는 유형자산의 장부금액에 미달하는 징후가 있는 경우에는 해당 유형자산를 손상검사를 실시하여 유형자산의 회수가능액(순공정가치와 사용가치 중 큰 금액)을 측정하고 해당자산의 회수가능액을 장부금액으로 한다.

(1) 유형자산의 손상차손이 발생하면

(차) 유 형 자 산 손 상 차 손 ×× (대) 손 상 차 손 누 계 액 ××

(2) 유형자산의 손상차손이 회복되면

(차) 손 상 차 손 누 계 액 ×× (대) 유형자산손상차손환입 ××

재 무 상 태 표

자 산	금 액		부채·자본	금 액
설 비 자 산	500,000			
감 가 상 각 누 계 액	(100,000)			
손 상 차 손 누 계 액	(50,000)	350,000		

- 차기 이후 손상차손을 인식한 유형자산의 회수가능액이 장부금액을 초과하는 경우 손상차손을 인식하기전 장부 장부금액을 한도로 유형자산손상차손환입(기타수익)으로 처리한다.
- 손상차손누계액은 유형자산의 차감적평가계정이다.

8. 유형자산의 재평가

기업회계기준서에서는 유형자산을 원가모형이나 재평가모형 중 하나를 회계정책으로 선택하여 유형자산의 분류별로 동일하게 적용하도록 규정하고 있다.

(1) 원가모형

원가모형은 최초 인식 후에 취득원가에서 감가상각누계액을 차감한 금액을 장부금액으로 기록하는 방법이다. 객관적인 취득원가를 사용하므로 신뢰성은 있으나 목적적합성은 없다.

(2) 재평가모형

최초로 인식할 때 취득원가로 측정된 유형자산을 그 이후 공정가치가 변동하면 유형자산을 현재의 공정가치로 재평가하고 재평가된 금액을 장부금액으로 하는 방법이다. 목적적합성은 좋으나 신뢰성은 낮다.

① 장부금액 ₩500,000의 토지를 재평가한 결과 공정가치가 ₩800,000으로 상승하다.

(차) 토 지	300,000	(대) 재 평 가 잉 여 금	300,000

② 장부금액 ₩500,000의 토지를 재평가한 결과 공정가치가 ₩400,000으로 하락하다.

(차) 재 평 가 손 실	100,000	(대) 토 지	100,000

- 재평가손실은 기타(영업외)비용으로 인식한다.
- 재평가잉여금은 자본(기타포괄손익누계액)이며, 유형자산제거시 이익잉여금으로 대체할 수 있다.
- 재평가손실을 계상할 때 재평가잉여금이 있다면 그 금액한도로 재평가잉여금을 감소시킨다.

멘토노트

✔ 유형자산 : 토지, 건물, 구축물, 기계장치, 비품, 차량운반구, 건설중인자산, 선박, 공구기구
✔ 자산처리(자본적지출) : 내용연수 증가, 가치증가, 구조변경, 생산능력향상, 증축, 사용전수리비
✔ 비용처리(수익적지출) : 현상유지, 능률유지, 도색

01. 다음 중 자산으로 처리하는 경우 (자), 비용으로 처리하는 경우는 (비)를 기입하시오.

(1) 본래의 용도를 변경하기 위한 개조 ……………………………………………… (　　)
(2) 지출금액이 상대적으로 적은 경우 ……………………………………………… (　　)
(3) 건물 또는 벽의 도장 …………………………………………………………… (　　)
(4) 파손된 유리나 기와 등의 교체 ………………………………………………… (　　)
(5) 취득 당시에 지출한 기계장치 설치비 …………………………………………… (　　)
(6) 기타 개량, 증설 확장 등 ………………………………………………………… (　　)
(7) 기계의 소모된 부속품의 대체 …………………………………………………… (　　)
(8) 자동차의 타이어튜브의 교체 …………………………………………………… (　　)

02. 다음 거래를 분개 하시오.

(1) 다음과 같이 회사업무용 차량을 구입하고 대금은 현금으로 지급하다.

* 차량가액 ₩10,000,000	* 취득 등록세 ₩500,000	* 보험료 ₩500,000

(2) 영업부에서 사용하던 업무용승용차를 다음과 같이 천안자동차매매상사에 매각하고 대금은 15일 후에 받기로 하였다.

•처분가액 : ₩2,500,000	•취득가액 : ₩10,000,000	•감가상각누계액 : ₩6,800,000

(3) 건물 1동을 ₩70,000,000(취득원가 ₩63,000,000, 감가상각누계액 ₩10,000,000)에 매각하고, ₩40,000,000은 자기앞수표를 받고, 잔액은 당좌예금 계좌로 입금되었다.

(4) 건물 일부를 수리하고 수리비 ₩300,000을 보유중이던 국민은행발행 자기앞수표로 지급하였다. 이중 ₩200,000은 자산으로 처리하고, 나머지는 비용으로 한다.

NO	차변과목	금 액	대변과목	금 액
(1)				
(2)				
(3)				
(4)				

03. 취득원가 ₩600,000이고, 잔존가치 ₩0이며 내용연수 3년인 건물을 정액법으로 감가상각을 하면 감가상각비와 감가상각누계액은 얼마인가? (결산 연1회)

공 식	$\frac{\text{취득원가 − 잔존가액}}{\text{내용연수}}$ = 감가상각비

년 도	감가상각비 계산과정	감가상각누계액
20×1년		
20×2년		
20×3년		

04. 취득원가 ₩4,500,000, 잔존가치 ₩200,000, 내용연수는 3년으로 추정되는 비품을 이중체감법으로 감가상각을 하면 감가상각비와 감가상각누계액은 얼마인가? (결산 연1회)

공 식	(취득원가−감가상각누계액) ÷ 내용연수 × 2 = 감가상각비

년 도	감가상각비 계산과정	감가상각누계액
20×1년		
20×2년		
20×3년		

05. 취득원가 ₩1,000,000인 기계장치를 정률법(정률 40%)로 감가상각을 하면 감가상각비와 감가상각누계액은 얼마인가? (결산 연1회)

공 식	(취득원가−감가상각누계액) × 정률 = 감가상각비

년 도	감가상각비 계산과정	감가상각누계액
20×1년		
20×2년		
20×3년		

06. 취득원가 ₩700,000, 잔존가치 ₩100,000, 내용연수는 3년으로 추정되는 트럭을 연수합계법으로 감가상각을 하면 감가상각비와 감가상각누계액은 얼마인가? (결산 연1회)

공 식	(취득원가 − 잔존가액) × $\frac{\text{잔여내용연수}}{\text{내용연수의 합계}}$ = 감가상각비

년 도	감가상각비 계산과정	감가상각누계액
20×1년		
20×2년		
20×3년		

07. 취득원가 ₩160,000, 잔존가액은 ₩10,000의 기계장치를 추정 제품 생산가능수량은 20,000개이다. 생산량비례법에 따라 감가상각을 하면 감가상각비와 감가상각누계액은 얼마인가? (20×1년 생산량 2,000개, 20×2년 생산량 3,000개, 20×3년 생산량 10,000개)

공 식	(취득원가 − 잔존가액) × $\frac{\text{당기실제생산량}}{\text{총추정생산량}}$ = 감가상각비

년 도	감가상각비 계산과정	감가상각누계액
20×1년		
20×2년		
20×3년		

08. 본사사옥을 신축하기 위하여 건물이 세워져 있는 토지를 구입하였다. 기존 건물은 구입 즉시 철거하고 새로운 건물을 건설하였다. 토지와 건물 취득원가는 얼마인가?

•토지분의 구입가격	50,000,000	•철거건물 폐기물매각액	1,500,000
•건물분의 구입가격	50,000,000	•신축건물 공사비	30,000,000
•기존건물 철거비용	10,000,000	•신축건물 취득등록세	2,700,000

(1) 토지의 취득원가는 얼마인가? ______________________

(2) 건물의 취득원가는 얼마인가? ______________________

검정문제

01. 다음 중 유형자산에 속하지 않는 것은?

① 토지 ② 건물
③ 차량운반구 ④ 영업권

02. 다음 중 유형자산의 취득원가에 포함되지 않는 것은?

① 외부운송비 ② 설치비
③ 취득세 ④ 공장설비의 일상적인 수리를 위한 지출

03. 다음 중 감가상각의 대상에서 제외되는 자산 중 가장 타당한 것은?

① 건물 ② 토지
③ 기계장치 ④ 차량운반구

04. 다음은 유형자산과 관련한 설명으로 옳지 않은 것은?

① 중요한 예비부품과 대기성 장비로서 한 회계기간 이상 사용할 것으로 예상되는 경우 이를 유형자산으로 분류한다.
② 금형, 공구 및 틀 등과 같이 개별적으로 경미한 항목은 통합하여 그 전체가치에 대하여 인식기준을 적용하는 것이 적절하다,
③ 유형자산과 관련된 모든 원가는 그 발생시점에 인식기준을 적용하여 평가한다.
④ 일상적인 수선유지와 관련하여 발생한 원가는 해당 유형자산의 장부금액에 포함하여 인식하여야 한다.

05. 공장을 짓기 위하여 토지와 건물을 일괄구입하고 토지 위에 있던 건물을 철거하는데 발생한 비용의 처리는?

① 발생한 기간의 비용으로 처리 ② 토지원가에 가산
③ 건물원가에 가산 ④ 토지와 건물에 안분

06. (주)경민은 본사사옥을 신축하기 위하여 건물이 세워져 있는 토지를 ₩1,000,000에 구입하였다. 기존 건물은 구입 즉시 철거되었으며, 이 과정에서 건물 철거비용 ₩100,000과 철거잔존물처분수익 ₩50,000이 발생하였다. (주)경민의 토지 취득원가는 얼마인가?

① ₩1,050,000 ② ₩1,000,000
③ ₩1,100,000 ④ ₩1,150,000

07. 다음 거래를 분개한 것으로 옳은 것은?

> 신축중인 건물이 완공되어 인수하고, 공사비 잔액 ₩5,000을 수표 발행하여 지급하다. 단, 지금까지 건물 신축을 위해 지급된 공사비는 ₩1,000이다.

	차변	금액		대변	금액
① (차)	건 물	5,000	(대)	당 좌 예 금	4,000
				건 설 중 인 자 산	1,000
② (차)	건 물	6,000	(대)	당 좌 예 금	5,000
				건 설 중 인 자 산	1,000
③ (차)	건 물	5,000	(대)	당 좌 예 금	5,000
	미 지 급 금	1,000		건 설 중 인 자 산	1,000
④ (차)	건 물	5,000	(대)	당 좌 예 금	5,000
	건 설 중 인 자 산	1,000		미 지 급 금	1,000

08. 다음 감가상각 방법 중 성격이 다른 하나는?

① 정률법
② 연수합계법
③ 이중체감법
④ 정액법

09. 다음 중 유형자산의 감가상각에 관한 설명으로 옳지 않은 것은?

① 감가상각의 본질은 합리적이고 체계적인 자산의 재평가 과정이다.
② K-IFRS의 감가상각 방법은 정액법, 체감잔액법, 생산량비례법을 허용하고 있다.
③ 감가상각방법이 '합리적' 이라는 것은 비용인식의 원칙에 해당하는 수익비용대응원칙에 부합한다는 것을 의미한다.
④ 감가상각방법이 '체계적' 이라는 것은 한번 결정한 방법은 매기 계속해서 적용한다는 것을 의미한다.

10. 다음 중 유형자산의 감가상각에 관한 설명으로 옳지 않은 것은?

① 유형자산 감가상각의 본질은 합리적이고 체계적인 자산의 재평가 과정이다.
② 유형자산의 감가상각은 자산이 사용가능한 때부터 시작한다.
③ 유형자산의 내용연수는 자산으로부터 기대되는 효용의 지속기간에 따라 결정된다.
④ 유형자산의 감가상각방법은 자산의 미래경제효익이 소비되는 형태를 반영하여야 한다.

11. 정액법에 의하여 내용연수 경과에 따른 감가상각비의 변화를 나타낸 그래프로 옳은 것은?

①
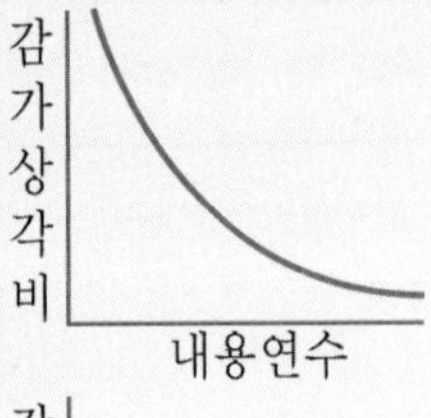

②
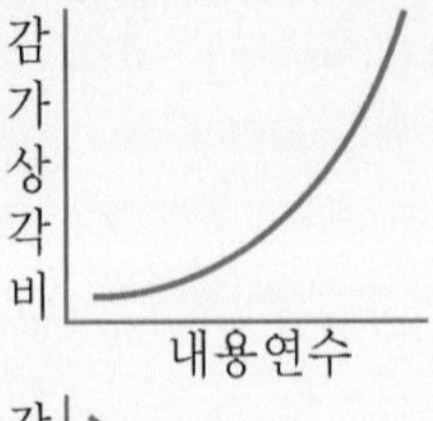

③
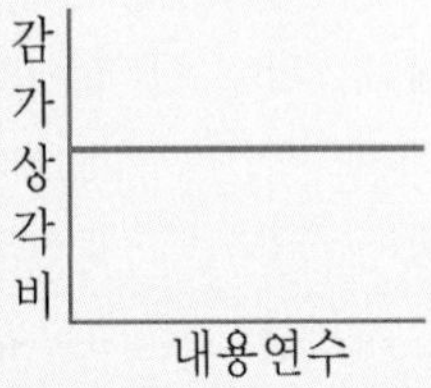

④
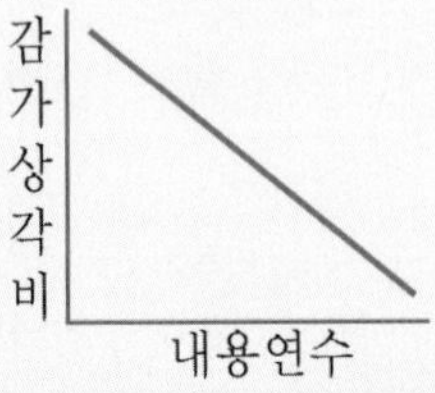

12. 다음은 (주)상공의 기계장치의 취득과 관련된 자료이다. 이 기계창치가 경영진이 의도하는 방식으로 가동할 수 있게 되었을 때 기계장치의 취득원가는 얼마인가?

- 구입가격	₩500,000	- 설치장소까지 운송비	₩20,000
- 관세 및 취득세	₩10,000	- 초기가동손실	₩40,000
- 매입할인	₩10,000		
- 다른 기계장치의 재배치과정에서 발생한 원가	₩50,000		

① ₩510,000　② ₩520,000
③ ₩560,000　④ ₩570,000

13. (주)상공전자(12월 결산법인)는 20×1년 1월, 제조활동에 사용하기 위하여 ₩200,000에 기계를 구입하였다. 이 기계의 내용연수는 5년, 잔존가치는 ₩20,000으로 추정되었다. 기계장치의 감가상각 방법을 정액법으로 적용하는 경우 20×2년도의 감가상각비는 얼마인가?

① ₩18,000　② ₩36,000
③ ₩40,000　④ ₩72,000

14. 다음의 자료를 이용하여 정액법에 의하여 20×2년도의 감가상각비를 계산하면 얼마인가?(단, 결산일은 12월 31일이다.)

- 취득일 : 20×1년 1월 1일	- 취득원가 : ₩1,200,000
- 내용연수 : 5년	- 잔존가액 : ₩200,000

① ₩200,000　② ₩240,000
③ ₩400,000　④ ₩480,000

15. 상공(주)은 20×1년 3월 1일에 건물을 ₩150,000에 취득하였다. 이 건물의 내용연수는 20년이며 잔존가치는 없고, 정액법으로 감가상각하다가 20×3년 6월 30일에 ₩125,000에 처분하였다. 회계처리에 대한 내용으로 옳지 않은 것은?

① 유형자산 처분손실이 ₩7,500이다.
② 20×3년에 계상할 감가상각비는 ₩7,500이다.
③ 20×1년 감가상각누계액은 ₩6,250이다.
④ 처분당시 총 감가상각누계액은 ₩17,500이다.

16. (주)한국은 기계장치를 취득하여 2년간 정액법(내용연수 5년, 잔존가액 ₩0)으로 감가상각하다가 ₩250,000에 처분하였다. 처분당시 기계장치의 처분이익으로 ₩70,000을 인식하였다. 기계장치의 취득시 원가는 얼마인가?

① ₩100,000 ② ₩180,000
③ ₩250,000 ④ ₩300,000

17. 보유하고 있던 건물을 처분하고 현금을 받았으며, 장부금액의 10%에 해당하는 처분손실을 계상하였다. 이러한 결과가 자산, 부채 또는 자본에 미치는 영향은?

① 자산의 증가와 자본의 증가 ② 자산의 감소와 자본의 감소
③ 자산의 증가와 부채의 감소 ④ 영향 없음

18. 20×1년 1월 1일에 (주)대한은 기계장치를 취득하고 정액법을 이용하여 감가상각하기로 하고, 20×1년과 20×2년의 감가상각비로 각각 ₩40,000을 계상하였다. 20×3년 1월 1일에 새로운 기계를 취득함에 따라 20×1년에 취득한 기계장치를 ₩500,000에 처분하고 ₩130,000의 처분이익을 계상하였다. 20×1년에 취득한 기계장치의 취득원가는 얼마인가?

① ₩710,000 ② ₩370,000
③ ₩410,000 ④ ₩450,000

19. 갑(주)는 20×1년 1월초에 기계장치를 ₩1,000,000에 구입하였다. 갑(주)는 동 기계장치를 정률법(상각률 40%)에 의하여 상각하고 있으며, 동 기계장치의 내용연수는 5년이고, 잔존가치는 ₩100,000이다. 20×3년 12월말 결산시 계상될 기계장치에 대한 감가상각비는 얼마인가?

① ₩144,000 ② ₩180,000
③ ₩240,000 ④ ₩360,000

20. 다음 중 세법상 허용된다면 내용연수 초기에 법인세 측면에서 가장 불리한 감가상각방법에 해당하는 것은?

① 정률법
② 연수합계법
③ 이중체감잔액법
④ 정액법

21. 유형자산에 대한 추가적 지출 중 자산(자본적 지출)에 해당하는 것은?

① 유형자산의 상태나 기능을 유지하기 위한 경우
② 유형자산의 내용연수를 연장시키는 경우
③ 지출금액이 상대적으로 적은 경우
④ 지출효과가 당기내에 소멸하는 경우

22. 업무용 건물의 리모델링과 관련한 다음 지출 중 자산(자본적 지출)으로 회계 처리할 수 없는 것은?

① 깨어진 유리창을 교체하였다.
② 건물에 냉난방 장치를 교체하였다.
③ 창고로 사용하던 건물을 사무실에 개조하였다.
④ 1층으로 사용하던 건물을 2층으로 증축하였다.

23. 다음은 전기에 취득한 기계장치와 관련된 자료이다. 이 중 자산의 취득원가를 구성하는 것이 아닌 것은?

① 취득 당시에 지출한 기계장치 설치비
② 기계장치의 내용연수를 연장시키기 위한 지출액
③ 기계장치의 성능을 유지하기 위한 지출액
④ 취득 당시에 지출한 기계장치 시운전비

24. 보유하고 있는 비유동자산에 대해 당해연도 중 다음과 같은 현금 지출이 발생하였다. 다음 지출에 대한 회계처리를 할 때 자산으로 처리할 수 있는 것만을 고르면?

> ㉠ 계단식 본사 건물을 ₩3,000,000을 들여 엘리베이터를 설치하였다.
> ㉡ 6개월마다 교체하는 기계장치의 부품비 ₩1,000,000을 현금 지급하였다.
> ㉢ 트럭엔진을 ₩2,000,000에 교체하여 트럭의 내용년수가 2년 연장되었다.
> ㉣ 공장건물이 낡아 ₩2,000,000을 들여 창문유리교체 및 페인트칠을 하였다.

① ㉠ ㉡
② ㉠ ㉢
③ ㉡ ㉣
④ ㉡ ㉢ ㉣

25. 다음 중 당기비용으로 분류되는 것은?

① 기계설비에 생산량을 증가시키는 주요 부품의 부착
② 자동차의 타이어 교체
③ 건물에 냉방장치를 설치함
④ 기존부품을 제품 불량률을 감소시킬 수 있는 첨단 부품으로 교체

정리 NOTE

10

무형자산

1. 무형자산의 특성
2. 무형자산의 분류
3. 무형자산의 종류
4. 기타무형자산
5. 무형자산의 상각

10 section 무형자산

무형자산(intangible assets)이란 물리적인 형태는 없지만 식별 가능하고 기업이 통제하고 있으며 미래경제적효익이 있는 비화폐성자산을 말한다.

1. 무형자산의 특성

① 무형자산은 기업이 통제하고 있으며 미래경제적효익이 기업에 유입되리라고 기대되는 자산이다

② 무형자산은 물리적 형체가 없다.

③ 무형자산은 식별가능하다.

2. 무형자산의 분류

무형자산은 기업의 영업활동에서 유사한 성격과 용도를 가진 자산끼리 묶어서 분류한다. 이러한 종류의 예는 다음과 같다.

① 브랜드명

② 제호와 출판표제

③ 컴퓨터소프트웨어

④ 라이선스와 프랜차이즈

⑤ 저작권, 특허권, 기타 산업재산권, 용역운영권

⑥ 기법, 방식, 모형, 설계 및 시제품

⑦ 개발 중인 무형자산 등을 포함한다.

- 사업결합에서 발생하는 영업권은 별도로 표시한다.
- 내부적으로 창출된 브랜드, 고객목록 등에 대한 지출은 무형자산으로 인식하지 않는다.

3. 무형자산의 종류

(1) 영업권

영업권(goodwill)이란 우수한 경영진, 뛰어난 판매조직, 양호한 신용, 원만한 노사관계, 기업의 좋은 이미지 등 동종의 다른 기업에 비하여 특별히 유리한 사항들의 집합한 무형의 자원을 말한다. 영업권은 다른 무형자산과 달리 식별가능하지 않고, 개별적으로 판매되거나 교환할 수 없고, 기업전체와 관련지어서 확인가능하다는 특징이 있다.

① 영업권의 유형

㉠ **사업결합으로 취득한 영업권** : 기업이 다른 기업이나 사업을 매수·합병하는 경우 발생한 영업권을 말한다.

㉡ **내부창출영업권** : 기업이 스스로 영업권을 계상하는 경우 발생하는 영업권을 말한다. 내부창출영업권은 취득원가를 신뢰성 있게 측정할 수 없고 기업이 통제하고 있는 식별가능한 자원이 아니기 때문에 내부창출영업권은 인정하지 않고 있다.

② 영업권의 손상

㉠ 사업결합에서 취득한 영업권은 상각하지 않고, 매년 또는 손상징후가 있을 때마다 손상검사를 한다.

㉡ 손상차손을 인식한 영업권은 추후에 회복할 수 없다.

(2) 산업재산권

산업재산권은 법률에 의하여 일정기간 독점적, 배타적으로 이용할 수 있는 권리를 말한다.

① 특 허 권	새로운 발명품을 특허법에 등록하여 일정기간 독점적·배타적으로 이용할 수 있는 권리
② 실용신안권	물건의 모양·구조 또는 결합 등을 실용적인 고안을 법률에 등록하여 일정기간 독점적·배타적으로 이용할 수 있는 권리
③ 의 장 권	물건의 디자인을 고안하여 법률에 등록하고 일정기간 독점적·배타적으로 이용할 수 있는 권리
④ 상 표 권	특정 상표를 법률에 등록하여 일정기간 독점적·배타적으로 이용할 수 있는 권리

(3) 개발비

개발활동과 관련하여 발생한 지출액 중 미래경제적효익이 기업에 유입될 가능성이 높으며, 취득원가를 신뢰성 있게 측정 가능한 것을 말한다.

① 자산인식요건을 충족한 경우에 연구단계에서 지출한 금액은 판매비(물류원가)와관리비의 연구비계정으로 하고, 개발단계에서 지출한 금액은 무형자산의 개발비계정으로 인식한다.

② 자산인식요건을 충족하지 못한 경우에는 연구단계에서 발생한 금액은 판매비(물류원가)와 관리비의 연구비계정으로 하고, 개발단계에서 발생한 금액은 제조원가 또는 판매비(물류원가)와관리비의 경상개발비계정으로 인식한다.

연구단계의 예	개발단계 예
① 새로운 지식을 얻고자 하는 활동 ② 연구결과나 기타 지식을 탐색, 평가, 최종선택, 응용하는 활동 ③ 재료, 장치, 제품, 공정, 시스템이나 용역에 대한 여러 가지 대체안을 탐색하는 활동 ④ 새롭거나 개선된 재료, 장치, 제품, 공정, 시스템이나 용역에 대한 여러 가지 대체안을 제안, 설계, 평가 최종 선택하는 활동	① 생산이나 사용 전의 시제품과 모형을 설계, 제작, 시험하는 활동 ② 새로운 기술과 관련된 공구, 기구, 주형, 금형 등을 설계하는 활동 ③ 상업적 생산목적으로 실현가능한 경제적 규모가 아닌 시험공장을 설계, 건설, 가동하는 활동 ④ 신규 또는 개선된 재료, 장치, 제품, 공정, 시스템이나 용역에 대하여 최종적으로 선정된 안을 설계, 제작, 시험하는 활동

다음의 모든 조건이 충족한 경우 개발비(무형자산)로 인식하고, 하나라도 충족하지 않는 지출은 경상개발비(비용)로 인식한다.

① 무형자산을 사용하거나 판매하기 위해 그 자산을 완성할 수 있는 기술적 실현가능성
② 무형자산을 완성하여 사용하거나 판매하려는 기업의 의도
③ 무형자산을 사용하거나 판매할 수 있는 기업의 능력
④ 무형자산이 미래 경제적 효익을 창출하는 방법
⑤ 무형자산의 개발을 완료하고 그것을 판매하거나 사용하는데 필요한 기술적, 재정적 자원 등의 입수가능성
⑥ 개발과정에서 발생한 무형자산 관련 지출을 신뢰성 있게 측정할 수 있는 기업의 능력

- 개발비 미상각 잔액은 특허권계정으로 대체하지 않고 상각기간 내에 상각한다. 특허권은 특허권 취득을 위해 직접 사용된 금액만 취득원가로 한다.
- 연구단계와 개발단계를 구분할 수 없는 경우는 모두 연구단계에서 발생한 것으로 본다.

4. 기타무형자산

① 라 이 선 스	다른 기업의 제품을 독점적으로 사용할 수 있는 권리를 말한다.
② 프 랜 차 이 즈	특정 체인사업에 가맹점을 얻어 일정한 지역에서 특정 상표나 제품을 독점적으로 판매영업을 할 수 있는 권리를 말한다.
③ 저 작 권	저작자가 자기 저작물의 복제·번역·방송·공연 등을 독점적으로 이용할 수 있는 권리를 말한다.
④ 컴퓨터소프트웨어	상용소프트웨어 구입을 위하여 지출한 금액을 말한다. (컴퓨터는 운영체제 없이 가동이 불가능하므로 Windows는 하드웨어의 일부로 보아 유형자산으로 하고, 하드웨어의 일부가 아닌 한글, Excel 등은 무형자산으로 회계처리 한다.)
⑤ 임 차 권 리 금	토지나 건물 등을 임차할 때 그 이용권을 갖는 대가로 빌려 준 사람에게 보증금 이외에 지급하는 금액을 말한다.
⑥ 어 업 권	일정한 수면에서 독점적·배타적으로 어업을 경영할 수 있는 권리를 말한다.
⑦ 시추권(광업권)	특정 지역에서 광물자원을 추출할 수 있는 권리를 말한다.

5. 무형자산의 상각

① 원가모형과 재평가모형 중 요건충족시 선택 적용할 수 있고, 사용(이용)가능 할 때부터 시작한다.

② 내용연수가 유한한 무형자산과 비한정적인 무형자산으로 구분하고, 비한정적인 무형자산은 상각하지 않되 매년 손상검사를 한다.

③ 상각방법에는 정액법, 체감잔액법과 생산량비례법이 있고 자산의 경제적 효익이 소비되는 형태를 반영한 방법이어야 한다. 다만, 소비되는 형태를 신뢰성 있게 결정할 수 없는 경우에는 정액법을 사용한다.

④ 영업권은 상각하지 않고, 매년 손상검사 그리고 손상징후가 나타날 때마다 손상검사하되 손상차손환입은 인식하지 않는다.

⑤ 내용연수가 유한한 무형자산의 잔존가치는 특별한 경우를 제외하고 영(0)으로 본다.

멘토노트

✔ **무형자산** : 영업권, 산업재산권(특허권, 실용신안권, 의장권, 상표권), 개발비, 라이선스와 프랜차이즈, 저작권, 컴퓨터소프트웨어, 임차권리금, 어업권, 시추권

✔ 유상 취득한 영업권만 인정하고 내부적으로 창출한 영업권은 인정하지 않는다.

✔ 무형자산 상각방법에는 정액법, 체감잔액법과 생산량비례법이 있고 자산의 경제적 효익이 소비되는 형태를 반영한 방법이어야 한다. 다만, 소비되는 형태를 신뢰성 있게 결정할 수 없는 경우에는 정액법을 사용한다.

01. 다음 내용 중 유형자산인 것에는 (유), 무형자산인 것에는 (무)를 기입하시오.

(1)	건물	( )	(2)	토지	( )	(3)	영업권	( )
(4)	산업재산권	( )	(5)	건설중인자산	( )	(6)	개발비	( )
(7)	컴퓨터소프트웨어	( )	(8)	구축물	( )	(9)	차량운반구	( )
(10)	임차권리금	( )	(11)	라이선스	( )	(12)	비품	( )
(13)	기계장치	( )	(14)	상표권	( )	(15)	프랜차이즈	( )

02. 다음 거래를 분개하시오.

(1) 사업 다각화를 목적으로 다음과 같은 재무구조를 가진 서해상사를 인수하고, 인수대금은 ₩450,000은 당좌수표를 발행하여 지급하다.

재 무 상 태 표

자 산	1,000,000	부 채	600,000
		자 본	400,000
	1,000,000		1,000,000

(2) 기말 결산시 위의 영업권을 손상검사를 실시하여 손상차손 ₩20,000을 인식하다.

(3) 서울대학에 의뢰한 신제품 개발에 따른 연구용역비 ₩1,200,000을 보통예금에서 폰뱅킹 이체하여 지급하다.(무형자산으로 처리할 것)

(4) 신제품 개발에 성공하여 특허권을 취득하고, 특허출원제비용 ₩200,000을 현금으로 지급하다.

(5) 위의 개발비와 특허권을 상각하다. (결산 연1회, 개발비는 5년, 특허권은 10년 균등 상각한다.)

NO	차변과목	금 액	대변과목	금 액
(1)				
(2)				
(3)				
(4)				
(5)				

검정문제

01. 다음 중 무형자산에 속하지 않는 것은?

① 연구비
② 산업재산권
③ 프랜차이즈
④ 개발비

02. 다음 중 재무상태표에 유동자산으로 분류할 수 없는 것은?

① 주로 당기손익목적으로 보유하고 있는 주식
② 정상영업주기 내에 판매될 예정인 제품
③ 12개월 이내 회수될 대여금
④ 사무용으로 구입한 컴퓨터소프트웨어

03. 다음 무형자산에 대한 설명 중 틀린 것은?

① 내부적으로 창출된 영업권은 미래 경제적 효익이 예상되는 경우에 무형자산으로 인식한다.
② 물리적 실체가 없는 자산이라도 판매를 목적으로 보유하는 자산은 무형자산이 아닌 재고자산으로 분류한다.
③ 무형자산은 물리적 형체가 없지만 식별가능하고, 기업이 통제하고 있으며, 미래 경제적 효익이 있는 비화폐성자산을 말한다.
④ 다른 종류의 무형자산과 교환으로 무형자산을 취득하는 경우에는 교환으로 제공한 자산의 공정가치를 무형자산의 취득 원가로 하는 것이 원칙이다.

04. 무형자산에 대한 다음 설명 중 틀린 것은?

① 무형자산으로 인식되기 위해서는 자산으로부터 발생하는 미래 경제적 효익이 기업에 유입될 가능성이 매우 높고 자산의 취득원가를 신뢰성있게 측정할 수 있어야 한다.
② 국고보조 등에 의해 무형자산을 무상 또는 공정가치보다 낮은 대가로 취득한 경우의 취득원가는 취득일의 공정가치로 한다.
③ 내용연수가 유한한 무형자산과 비한정적인 무형자산으로 구분하고, 비한정적인 무형자산은 상각하지 않되 매년 손상검사한다.
④ 무형자산의 합리적인 상각방법을 정할 수 없는 경우에는 생산량비례법을 사용한다.

05. 무형자산에 대한 다음 설명 중 잘못된 것은?

① 물리적인 실체가 없다.
② 법률상의 권리 또는 사실상의 가치를 나타내는 자산이다.
③ 무형자산 상각비는 판매비(물류원가)와 관리비이다.
④ 무형자산을 상각할 때는 간접법으로 상각한다.

06. 한국채택국제회계기준 제1038호에서 규정하고 있는 무형자산에 대한 설명으로 적합한 것은?

① 경상개발비는 무형자산으로 할 수 없고 발생시점에 비용으로 인식 한다.
② 창업비와 개업비 같은 지출은 미래의 경제적 가치가 있으므로 무형자산으로 인식한다.
③ 무형자산의 내용연수는 10년을 초과할 수 없는 것이 원칙이다.
④ 무형자산은 정액법에 의해서만 상각이 가능하다.

07. 다음과 같은 재무상태를 가진 (주)상공을 ₩1,100,000의 수표를 발행하여 인수하였다. 장부상에 기장하여야 할 계정과목과 금액으로 옳게 설명한 것은?

재무상태표

제 자 산	900,000	제 부 채	200,000
		자 본 금	550,000
		이 익 잉 여 금	150,000
	900,000		900,000

① 영업권 200,000
② 영업권 400,000
③ 영업권 550,000
④ 염가매수차익 400,000

08. 다음 중 한국채택국제회계기준에 따라 손상여부를 판단하는 자산을 모두 고르면?

가. 컴퓨터 소프트웨어
나. 내용연수가 비한정적인 무형자산
다. 개발 중인 무형자산
라. 영업권

① 가
② 가, 나
③ 나, 다, 라
④ 가, 나, 다, 라

09. 다음은 연구 및 개발활동과 관련된 지출 내역이다. 개발활동으로 분류해야 하는 금액은 얼마인가?

- 새로운 지식을 얻고자 하는 활동 ₩10,000
- 생산이나 사용 전의 시제품과 모형을 제작하는 활동 ₩15,000
- 새로운 기술과 관련된 공구를 설계하는 활동 ₩20,000
- 연구결과나 기타 지식을 응용하는 활동 ₩30,000

① ₩75,000
② ₩40,000
③ ₩35,000
④ ₩25,000

11

부 채

1. 부채의 뜻과 종류
2. 사채
3. 퇴직급여
4. 우발자산과 우발부채, 충당부채
   (K-IFRS 제1037호)
5. 금융부채

11 section 부채

1. 부채의 뜻과 종류

부채란 과거의 거래나 사건의 결과로서 기업이 미래에 타인에게 지급해야할 채무를 말한다. 보고기간말(결산일)로부터 1년 또는 정상적인영업주기 이내에 갚아야 하는 것을 유동부채로 하고, 그 이후에 갚아도 되는 것을 비유동부채라 한다.

구 분	종 류
유 동 부 채	•매입채무 : 외상매입금, 지급어음 •기타단기금융부채 : 단기차입금, 미지급금, 예수금, 미지급법인세 •충당부채 : 제품보증충당부채, 경품충당부채 •기타유동부채 : 선수금, 미지급비용, 선수수익
비 유 동 부 채	•장기금융부채 : 장기차입금, 장기미지급금, 사채 •퇴직급여부채 •기타비유동부채 : 장기선수금, 장기임대보증금

부채의 종류	내 용
(1) 외 상 매 입 금	상품이나 원재료를 외상으로 매입한 채무
(2) 지 급 어 음	상품·원재료·외상매입금 값으로 어음을 지급 한 경우의 채무
(3) [매 입 채 무]	외상매입금과 지급어음을 합한것
(4) 단 기 차 입 금	보고기간말로부터 1년내 지급조건으로 금전을 빌려온 것
(5) 선 수 금	상품이나 제품의 계약금(착수금)을 받은 것
(6) 선 수 수 익	수익을 먼저 받은 것(수익의 미경과분)
(7) 미 지 급 금	상품이나 원재료 이외의 물품을 외상으로 구입
(8) 미 지 급 비 용	발생된 비용 중 지급되지 않은 것
(9) 미 지 급 법 인 세	법인세비용의 미지급액
(10) 예 수 금	일반적 상거래 외에 발생한 일시적 보관액
(11) 유 동 성 장 기 부 채	비유동부채 중 보고기간말로부터 1년 이내에 상환해야 할 것
(12) 장 기 차 입 금	차입금의 상환기일이 보고기간말로부터 1년 이내에 도래하지 않는 채무이다.
(13) 장 기 성 매 입 채 무	유동부채에 속하지 아니하는 일반적인 상거래에서 발행한 장기의 외상매입금과 지급어음으로 한다.

평가계정

① **차감적평가계정** : 대손충당금, 재고자산평가충당금, 감가상각누계액, 손상차손누계액, 상품권할인액, 사채할인발행차금, 현재가치할인차금

② **부가적평가계정** : 사채할증발행차금

2. 사채

(1) 사채의 정의와 발행방법

사채란 주식회사가 거액의 장기자금을 조달하기 위하여 발행하는 것으로 일정한 이자를 지급하고 만기에 원금을 상환해야 하는 확정채무증권으로 사채발행 방법은 아래와 같다.

구 분	차 변		대 변		비 고
평가발행	당좌예금	10,000	사채	10,000	시장이자율 = 액면이자율
할인발행	당좌예금 사채할인발행차금	9,000 1,000	사채	10,000	시장이자율 〉 액면이자율
할증발행	당좌예금	12,000	사채 사채할증발행차금	10,000 2,000	시장이자율 〈 액면이자율

재 무 상 태 표

자 산	금 액		부채·자본	금 액	
			사채 사채할인발행차금	500,000 (40,000)	460,000

재 무 상 태 표

자 산	금 액		부채·자본	금 액	
			사채 사채할증발행차금	500,000 40,000	540,000

- 상법상 사채의 발행총액은 순자산(자본)의 4배를 초과하지 못하도록 규정하고 있고, 사채1좌의 금액은 ₩10,000 이상이어야 한다.
- 사채발행비용은 사채할인발행차금에는 가산하고 사채할증발행차금에서는 차감하여 표시한다.
- 사채할인발행차금은 사채에 대한 차감적 평가계정이고, 사채할증발행차금은 사채에 대한 부가적 평가계정이다.
- 발행시점에서 사채의 현재가치를 계산하는 방법 : 만기가액의 현재가치 + 이자지급액의 현재가치

(2) 사채이자

사채이자의 지급은 유효이자율법에 의해 사채할인발행차금상각액을 가산하여 이자비용차변에 기입하고 사채할증발행차금환입액은 차감하여 처리한다.

구 분	차 변		대 변	
사채 이자지급시	이자비용	××	미지급이자 사채할인발행차금	×× ××

> **유효이자율법**
> ① 액면금액 × 액면이자율 = 미지급이자
> ② 순사채(사채-사채할인발행차금) × 유효이자율 = 이자비용

(3) 사채의 상환

발행한 사채에 대하여 대금을 지급하고, 사채권을 회수하는 것을 사채의 상환이라 한다. 사채의 상환 방법에는 만기 전 상환과 만기상환이 있다.

사채를 상환할 때에는 사채와 관련된 계정인 사채할인발행차금 또는 사채할증발행차금계정도 함께 정리하여야 한다. 이때 사채의 장부금액과 상환가액의 차이를 사채상환이익 또는 상채상환손실 계정으로 처리한다.

구 분	차 변	대 변
사채 매입 상환시	사채 ××	당좌예금 ×× 사채할인발행차금 ×× 사채상환이익 ××
사채 만기 상환시	사채 ××	당좌예금 ××

[보기] 할증발행의 경우

① 액면 총액 ₩1,000,000(상환기간 5년, 액면이자율 연 12%, 유효이자율 연 10%)의 사채를 ₩1,075,800에 발행하고 납입금은 당좌예금하다.

(차) 당좌예금	1,075,800	(대) 사채	1,000,000
		사채할증발행차금	75,800

② 위의 사채에 대한 이자를 현금으로 지급하다.

(차) 이자비용	107,580	(대) 현금	120,000
사채할증발행차금	12,420		

> ㉠ 1,000,000 × 0.12 = 120,000(액면이자율)
> ㉡ 1,075,800 × 0.1 = 107,580(유효이자율)
> ㉢ 120,000 - 107,580 = 12,420(사채할증발행차금환입액)

[보기] 사채발행비 지급의 경우

① 액면 ₩1,000,000의 사채를 ₩1,000,000에 평가발행하고 납입금은 당좌예금하다. 그리고 사채발행비 ₩50,000은 현금으로 지급하다.

(차)	당 좌 예 금	1,000,000	(대) 사 채	1,000,000
	사채할인발행차금	50,000	현 금	50,000

② 액면 ₩1,000,000의 사채를 ₩920,000에 할인발행하고, 납입금은 당좌예금하다. 그리고 사채발행비 ₩50,000은 현금으로 지급하다.

(차)	당 좌 예 금	920,000	(대) 사 채	1,000,000
	사채할인발행차금	130,000	현 금	50,000

③ 액면 ₩1,000,000의 사채를 ₩1,080,000에 할증발행하고, 납입금은 당좌예금하다. 그리고 사채발행비 ₩50,000은 현금으로 지급하다.

(차)	당 좌 예 금	1,080,000	(대) 사 채	1,000,000
			사채할증발행차금	30,000
			현 금	50,000

[보기] 사채이자 계산

① (주)태성은 20×1년 1월 1일 사채 ₩90,394(액면 ₩100,000, 표시이자율 연 8%, 이자는 매년 말 지급, 만기 3년)을 발행하고 발행대금은 현금으로 받다. 시장이자율 12%이고, 결산일은 매년 12월 31일이다. (단, 유효이자율법에 의하며, 원미만 버림)

(차)	현 금	90,394	(대) 사 채	100,000
	사채할인발행차금	9,606		

② 20×1년 말 사채이자를 당좌수표를 발행하여 지급하다.

(차)	이 자 비 용	10,847	(대) 당 좌 예 금	8,000
			사채할인발행차금	2,847

> ㉠ 100,000 × 0.08 = 8,000(액면이자율) ㉡ 90,394 × 0.12 = 10,847(유효이자율)
> ㉢ 10,847 − 8,000 = 2,847(사채할인발행차금상각액)

③ 20×2년 말 사채이자를 당좌수표를 발행하여 지급하다.

(차)	이 자 비 용	11,188	(대) 당 좌 예 금	8,000
			사채할인발행차금	3,188

> ㉠ 100,000 × 0.08 = 8,000(액면이자율) ㉡ (90,394 + 2,847) × 0.12 = 11,188(유효이자율)
> ㉢ 11,188 − 8,000 = 3,188(사채할인발행차금상각액)

(4) 감채기금과 감채적립금

사채 발행회사는 사채의 상환시에 자금이 일시적 부담을 덜기 위하여 매기 일정액을 상환을 위한 기금으로 적립한다. 이러한 기금을 감채기금이라 하고 감채기금을 적립하는 방법에는 이익잉여금을 처분할 때 적립하는 감채적립금과 상환을 대비하여 자금을 예치하는 감채기금예금이 있다. 감채적립금(적극적 적립금)은 사채를 상환하여 목적을 달성하면 별도적립금(소극적 적립금)에 대체한다.

[보기] 감채기금만 설정하는 경우

① 사채상환을 준비하기 위하여 우리은행에 현금 ₩1,000,000을 3년 만기의 정기예금을 하고, 현금 ₩2,000,000은 2년 만기인 채무증권을 만기까지 보유할 목적으로 매입하다.

(차)	장기예금(정기예금)	1,000,000	(대)	현 금	3,000,000
	상각후원가금융자산	2,000,000			

② 사채 액면 ₩5,000,000을 만기상환하고 대금은 감채용 정기예금 ₩4,000,000을 인출하여 지급하고 잔액은 현금으로 지급하다.

(차)	사 채	5,000,000	(대)	장기예금(정기예금)	4,000,000
				현 금	1,000,000

[보기] 감채적립금만 설정하는 경우

① 주주총회의 결의로 미처분이익잉여금 중 ₩1,500,000을 감채적립금으로 적립하다.

(차)	미처분이익잉여금	1,500,000	(대)	감채적립금	1,500,000

② 사채 액면 ₩1,500,000을 현금으로 상환하다.(단, 동액의 감채적립금이 설정되어 있다.)

(차)	사 채	1,500,000	(대)	현 금	1,500,000
	감채적립금	1,500,000		별도적립금	1,500,000

3. 퇴직급여

퇴직급여란, 종업원이 퇴직할 때 또는 퇴직 이후에 지급되는 일시불이나 퇴직연금과 같은 퇴직급여를 말한다. 퇴직급여제도는 제도의 주요 규약에서 도출되는 경제적 실질에 따라 두가로 분류된다.

(1) 확정기여제도(defined contribution plans ; DC)

기업이 별개의 실체(기금, 보험회사 등)에 사전에 확정된 고정 기여금을 납부하는 것으로 기업의 의무가 종결되는 제도를 말한다. 따라서 그 기금이 종업원의 퇴직급여를 지급할 만큼 충분하지 못하더라도 기업에게는 추가로 기여금을 납부해야 하는 법적 의무가 없다.

구 분	차 변		대 변	
퇴직급여기여금 납부시	퇴 직 급 여	××	현 금	××

(2) 확정급여제도(defined benefit plans ; DB)

기업이 퇴직급여에 관한 모든 의무를 부담하기 때문에 기금이 부족한 경우에는 기업이 추가적으로 기여금을 납부해야할 의무가 있는 경우가 이에 해당한다.

구 분	차 변		대 변	
결산시 퇴직급여부채을 설정하면	퇴 직 급 여	××	퇴 직 급 여 부 채	××
퇴직금을 지급하면	퇴 직 급 여 부 채	××	현 금	××

4. 우발자산과 우발부채, 충당부채(K-IFRS 제1037호)

(1) 우발자산

우발자산은 과거사건이나 거래의 결과로 발생할 가능성이 있으며, 기업이 전적으로 통제 할 수 없는 하나 또는 그 이상의 불확실한 미래의 발생 여부에 의하여서만 그 존재가 확인되는 잠재적 자산을 말한다. 우발자산은 자산으로 인식하지 아니하고 자원의 유입가능성이 매우 높은 경우에만 주석으로 기재한다. 우발자산은 미래에 확정되기까지 자산으로 인식할 수 없다.

(2) 우발부채

우발부채는 다음의 ① 또는 ②에 해당하는 잠재적인 부채를 말하며, 부채로 인식하지 아니한다.

① 과거사건은 발생하였으나 기업이 전적으로 통제할 수 없는 하나 또는 그 이상의 불확실한 미래사건의 발생 여부에 의하여서만 그 존재 여부가 확인되는 잠재적인 의무

② 과거사건이나 거래의 결과로 발생한 현재의무이지만 그 의무를 이행하기 위하여 자원이 유출될 가능성이 매우 높지가 않거나 또는 그 가능성은 매우 높으나 당해의무를 이행하여야 할 금액을 신뢰성 있게 추정할 수 없는 경우

(3) 충당부채

충당부채는 과거사건이나 거래의 결과에 의한 현재의무로서 지출의 시기 또는 금액이 불확실한 부채를 말하며 다음의 인식요건을 모두 충족하는 경우에 인식한다. 충당부채에는 제품보증충당부채(건설업의 경우는 하자보수충당부채), 경품충당부채, 손해보상충당부채 등이 있다.

① 과거사건이나 거래의 결과로 현재의무가 존재한다.

② 당해 의무를 이행하기 위하여 자원이 유출될 가능성이 매우 높다.

③ 그 의무의 이행에 소요되는 금액을 신뢰성있게 추정할 수 있다.

5. 금융부채

(1) 금융부채의 정의

금융부채란 부채의 정의에 충족하는 계약상의 의무로서 현금 또는 자기지분상품 등의 금융자산으로 결제되는 부채를 말한다.

(2) 금융부채의 종류

① **당기손익인식금융부채** : 공정가치로 평가하여 공정가치변동분을 당기손익에 반영하는 금융부채

㉠ **당기손익인식지정금융부채** : 최초 인식시점에 공정가치변동분을 당기손익으로 인식하는 조건을 충족하여 당기손익으로 지정한 금융부채

㉡ **당기손익금융부채** : 금융기관이 단기적 시세차익을 얻기 위하여 매매한 금융부채

② **기타금융부채** : 매입채무, 미지급금, 차입금, 사채, 예수금, 미지급법인세 등 당기손익인식금융부채를 제외한 대부분의 금융부채

> 선수금과 선수수익은 재화나 용역을 제공해야 하는 것이므로 금융부채가 아니다.

멘토노트

✔ **비유동부채** : 퇴직급여부채, 사채, 장기차입금

✔ **사채**

① 사채 발행시	당좌예금 ×× 사채할인발행차금 ××	사채 ××
② 이자 지급시	이자비용 ××	현금 ×× 사채할인발행차금 ××
③ 매입 상환시	사채 ××	당좌예금 ×× 사채할인발행차금 ×× 사채상환이익 ××

✔ **퇴직급여부채 설정시** : (차) 퇴직급여 ×× (대) 퇴직급여부채 ××

금융부채의 분류		
매입채무 및 기타채무	매입채무	외상매입금, 지급어음
	기타채무	차입금, 미지급금
기타금융부채	사채	

기본문제

01. 다음의 내용이 맞으면 (○) 틀리면 (×) 하시오.

(1) 우발자산은 자산으로 인식 할 수 없다. ………………………………………………… (　　)

(2) 우발부채는 부채로 인식 할 수 있다. ………………………………………………… (　　)

(3) 충당부채는 인식요건에 모두 충족한 경우 부채로 인식한다. ……………………… (　　)

02. 다음 거래를 분개하시오.

(1) 1월 1일 액면금액 ₩1,000,000, 사채액면이자율 연 10%, 유효이자율 12% 이자지급 연1회, 상환기간 5년의 사채를 ₩970,000에 발행하고, 납입금은 전액 당좌예금하다. (이자지급과 결산은 연1회, 12월 31일 이다.)

(2) 12월 31일 위 사채이자를 현금으로 지급하다.(유효이자율법)

(3) 액면 ₩25,000의 사채(표시이자율 5%, 상환기간은 4년, 이자는 연말에 연1회 지급)를 ₩24,100에 현금으로 매입상환하였다. (단, 현재 사채할인발행차금 잔액이 ₩400있다.)

(4) 대전상사는 사채 액면 ₩500,000원(액면 이자율 연 10%, 유효이자율 연 10%, 상환기간 3년)을 액면가액으로 발행하고, 납입금은 보통예금하다.

(5) 다음과 같은 조건의 사채를 발행하고 수취한 금액은 당좌예금에 입금하였다.

* 액면가액　: ₩100,000	* 만기　　: 3년	* 이자지급기준일 : 12월 31일
* 약정이자율 : 액면가액의 5%	* 발행가액 : ₩96,300	

(6) 사채 (액면가액 ₩300,000, 만기 5년 액면이자율 10%, 유효이자율 8%)를 ₩350,000에 발행하고 대금은 보통예금계좌에 입금되었다.

NO	차변과목	금 액	대변과목	금 액
(1)				
(2)				
(3)				
(4)				
(5)				
(6)				

03. 다음거래를 분개 하시오.

(1) 연도 말 전 임직원이 일시에 퇴직할 경우 지급해야할 퇴직금이 ₩500,000이다.
(단, 퇴직급여부채 잔액은 없다.)

(2) 종업원1명이 퇴직하게 되어 퇴직금 ₩100,000을 현금으로 지급하다.
(단, 퇴직급여부채 ₩500,000이 설정되어 있다.)

(3) 연도 말 전 임직원이 일시에 퇴직할 경우 지급해야할 퇴직금이 ₩800,000이다.
(단, 퇴직급여부채 잔액이 ₩400,000있다.)

(4) 대한은행 으로부터 3년 만기의 상환조건으로 현금 ₩5,000,000을 차입하다.

(5) 장기차입금 ₩5,000,000의 지급기한이 1년 이내로 도래하여 유동성장기부채계정으로 대체하다.

NO	차변과목	금 액	대변과목	금 액
(1)				
(2)				
(3)				
(4)				
(5)				

01. 다음 계정과목 중 재무상태표 분류상 성격이 다른 것은?

① 미지급금 ② 유동성장기차입금
③ 퇴직급여부채 ④ 예수금

02. (주)대한은 20×1년 7월 1일 은행으로부터 ₩1,000,000을 5년간 차입하였으며, 매년 6월 30일 차입금의 20%씩 상환하기로 하였다. 이 차입금의 연이자율은 6%이며 6개월 단위로 이자를 지급하는 조건이다. 20×2년 12월 31일 결산 시 은행차입금은 재무상태표상에 어떻게 표시되는가? 단, 이자비용은 모두 지급되었다.

	비유동부채	유동부채
①	₩400,000	₩400,000
②	₩600,000	₩200,000
③	₩800,000	₩0
④	₩800,000	₩200,000

03. 다음 중 사채가 할증발행 되는 경우는?

① 사채의 액면이자율이 사채의 시장이자율보다 높은 경우
② 사채의 액면이자율이 사채의 시장이자율보다 낮은 경우
③ 사채의 액면이자율이 보통주의 배당률보다 높은 경우
④ 사채의 액면이자율이 보통주의 배당률보다 낮은 경우

04. 20×1년 초 퇴직급여부채의 잔액은 ₩830,000이며, 20×1년 중 퇴직금지급액이 ₩250,000이었다. 20×1년 말 현재 퇴직급여부채의 현재가치는 ₩880,000일 경우, 20×1년 말 퇴직급여 관련 결산수정분개로 옳은 것은? 단, 퇴직급여제도는 확정급여제도로 채택하고 관련 사외적립자산 및 보험수리적손익은 고려하지 않는다.

	차변	금액	대변	금액
①	(차) 퇴직급여	200,000	(대) 퇴직급여부채	200,000
②	(차) 퇴직급여	250,000	(대) 퇴직급여부채	250,000
③	(차) 퇴직급여	300,000	(대) 퇴직급여부채	300,000
④	(차) 퇴직급여부채	300,000	(대) 퇴직급여	300,000

05. 다음 중 퇴직급여에 관한 설명으로 옳지 않은 것은?

① 퇴직급여제도는 경제적 실질에 따라 확정기여제도 또는 확정급여제도로 분류한다.
② 확정기여제도에서는 기업의 법적의무나 의제의무는 기업이 기금에 출연하기로 약정한 금액으로 한정된다.
③ 확정급여제도에서는 기업이 퇴직급여에 관한 모든 의무를 부담한다.
④ 퇴직급여제도에서는 해당 직원이 퇴직하기 전까지는 비용으로 인식하지 않는다.

06. 서울회사의 종업원이 퇴직하게 되어 퇴직급여부채 중에서 퇴직금 ₩500,000을 현금으로 지급하였다. 이 거래가 서울회사의 재무상태에 미치는 영향 중 옳은 것은?

① 자산감소, 부채감소
② 자산증가, 부채감소
③ 자산증가, 부채증가
④ 자산감소, 부채증가

07. 다음 충당부채 및 우발부채와 관련된 설명 중 옳지 않은 것은?

① 미래영업을 위하여 발생하게 될 비용의 추계액에 상당하는 금액을 충당부채로 인식한다.
② 미래에 대한 불확실성과 관련하여 발생하는 잠재적 불이익 중 재무상태표에 인식하는 것을 충당부채라 한다.
③ 충당부채로 인식하기 위하여는 의무발생사건의 결과로 인한 현재의무로서 자원유출가능성이 높고 금액을 신뢰성 있게 추정가능하여야 한다.
④ 우발부채는 미래에 대한 불확실성과 관련하여 발생하는 잠재적 불이익 중 재무상태표에 인식하지 않고 편의상 주석으로 공시만 하며, 부채로 인식하지 않는다.

08. 다음은 부채에 대한 설명이다. 이 중에서 틀린 것은?

① 충당부채는 재무상태표에 표시되는 부채이다.
② 충당부채를 인식하는 현재의무에는 법적의무만 포함되며, 의제의무는 포함되지 않는다.
③ 기업이 제품을 판매하면서 소비자에게 일정기간 동안 품질보증서비스를 무상으로 제공하기로 약속하였다면 수익인식 시점에 충당부채를 인식해야 한다.
④ 우발부채는 현재의무의 존재여부가 확인되지 않는 잠재적 의무이다.

09. 다음의 우발상황에 대한 회계처리 내용 중 옳지 않은 것은?

① 우발자산이 발생할 가능성이 확실하고 동이익의 금액을 합리적으로 추정할 수 있는 경우에는 그 내용을 주석으로 기재한다.
② 보고기간종료일 현재 순자산이 감소하였음이 확실하고 동손실의 금액을 합리적으로 추정할 수 있는 경우에 그 손실을 재무제표에 계상한다.
③ 보고기간종료일 현재 순자산이 감소하였음이 확실하나 동손실의 금액을 합리적으로 추정할 수 없는 경우에는 우발상황의 내용, 확정될 경우의 재무적 영향, 추정금액이 곤란한 사유 등을 주석으로 기재한다.
④ 우발자산이 발생할 가능성이 확실한 경우에는 이를 재무제표에 계상하고 그 내용을 주석으로 기재한다.

10. 다음 중 금융부채에 대한 설명으로 옳은 것은?

① 금융기관의 상품 종류를 뜻하는 것으로 선수금 등이 있다.
② 기업의 지분상품을 말하며 기업이 매입한 다른 회사의 주식 등이 있다.
③ 매출채권과 같이 거래 상대방에게 현금 등 금융자산을 수취할 계약상의 권리이다.
④ 매입채무와 같이 거래 상대방에게 현금 등 금융자산을 인도하기로 한 계약상의 의무이다.

11. 다음 자료에서 금융부채의 합계액을 계산하면 얼마인가?

가. 선 수 금	₩50,000	나. 미지급금	₩60,000	다. 외상매입금	₩100,000

① ₩110,000 ② ₩150,000
③ ₩160,000 ④ ₩210,000

12. 다음 중 K-IFRS(한국채택국제회계기준)에서 정한 금융부채에 해당하지 않는 것은?

① 매입채무 ② 차입금과 미지급금
③ 선수금 ④ 사채

13. 다음 중 금융부채에 대한 설명으로 옳지 않은 것은?

① 부채의 정의를 충족하는 계약상의 의무이다.
② 현금 또는 자기지분상품 등의 금융자산으로 결제되는 부채를 말한다.
③ 금융부채에는 매입채무, 미지급금, 차입금, 사채 등이 있다.
④ 선수금과 선수수익은 재화나 용역을 제공해야 하는 것이므로 금융부채에 포함한다.

14. 다음 중 금융부채에 대한 설명으로 옳지 않은 것은?

① 부채의 정의를 충족하는 계약상의 의무이다.
② 현금 또는 자기지분상품 등의 금융자산으로 결제되는 부채를 말한다.
③ 금융부채에는 매입채무, 미지급금, 차입금, 사채 등이 있다.
④ 판매된 제품의 품질보증의무 또는 제조과정에서 발행한 환경오염을 제거할 의무 등을 포함한다.

12

자 본

1. 자본의 분류
2. 주식의 종류
3. 주식의 발행
4. 주식회사의 설립 방법
5. 증자와 감자
6. 자기주식
7. 이익준비금
8. 이익잉여금처분계산서 및 결손금처리계산서
9. 주당이익

12 section 자본

자본이란 자산총액에서 부채총액을 차감한 잔액(순자산)으로 주주지분, 소유주지분, 자기자본이라 한다.

1. 자본의 분류

(1) 자 본 금	: 보통주자본금, 우선주자본금
(2) 자 본 잉 여 금	: 주식발행초과금, 감자차익, 자기주식처분이익
(3) 자 본 조 정	차감 : 주식할인발행차금, 감자차손 및 자기주식처분손실, 자기주식 가산 : 신주청약증거금, 미교부주식배당금
(4) 기타포괄손익누계액	: 기타포괄손익금융자산평가손익, 해외사업환산손익, 재평가잉여금, 현금흐름위험회피 파생상품평가손익, 확정급여제도의 보험수리적손익 [~손실(자본차감항목), ~이익(자본증가항목)]
(5) 이 익 잉 여 금	법정적립금 : 이익준비금 임의적립금 { 적극적적립금 : 사업확장적립금, 감채적립금 소극적적립금 : 배당평균적립금, 퇴직급여적립금, 결손보존적립금, 별도적립금 } 미처분이익잉여금(전기이월미처분이익잉여금, 당기순이익)

재무상태표의 자본표시

① **납입자본** : 자본금, 주식발행초과금
② **이익잉여금** : 법정적립금, 임의적립금, 미처분이익잉여금
③ **기타자본구성요소** : 기타자본잉여금, 자본조정, 기타포괄손익누계액

2. 주식의 종류

(1) 보통주

주식 중에서 가장기본이 되는 주식으로 의결권을 행사 할 수 있고, 이익배당청구권, 잔여재산 청구권, 신주인수권 등이 있는 주식이다.

(2) 우선주

보통주 보다 이익분배와 잔여재산 청구권을 우선하여 행사 할 수 있는 권리가 주어진 주식을 말한다.

① **누적적우선주** : 특정연도의 이익배당액이 소정의 우선배당률에 미달할 때는 그 부족액을 다음 연도의 이익에서 배당을 청구할 수 있는 우선주

② **참가적우선주** : 우선 일정한 배당을 받고 보통주에 배당하고 남은 이익에 대하여 보통주와 동일한 배당률이 되게 추가적으로 배당을 받을 수 있는 권리가 부여된 우선주

③ **전환우선주** : 우선주 주주의 의사에 의하여 보통주로 전환 할 수 있는 권리가 부여된 우선주

④ **상환우선주** : 일정기간이 지나서 특정시점에 약정된 금액으로 상환하거나 우선권을 해제할 수 있는 우선주

수권자본제도
회사를 설립할 때에는 상법의 규정에 따라 회사가 발행할 주식의 총수, 1주의 금액, 설립 시 발행할 주식의 총수를 정관에 기재하여야 한다. 이때 회사가 발행할 주식의 총수를 수권자본이라 하며, 회사는 설립 시 수권 주식의 일부를 발행하고 나머지는 이사회의 결의에 의하여 발행할 수 있는데 이 제도를 수권자본제도라 한다.

3. 주식의 발행

구 분	차 변		대 변		비 고
평가발행	당좌예금	10,000	자본금	10,000	발행가액 = 액면가액
할증발행	당좌예금	12,000	자본금 주식발행초과금	10,000 2,000	발행가액 〉 액면가액
할인발행	당좌예금 주식할인발행차금	9,000 1,000	자본금	10,000	발행가액 〈 액면가액

- 설립시 주식발행비용은 창업비(판매비(물류원가)와관리비)계정으로 처리하고, 신주발행(증자)시 주식발행비용은 주식할인발행차금은 증가되고 주식발행초과금은 감소되게 처리한다.
- 주식발행초과금은 자본잉여금이고, 주식할인발행차금은 자본조정이다.

주식발행수 × 액면단가 = 자본금

4. 주식회사의 설립 방법

(1) 발기설립

주식회사를 설립할 때 발행할 주식 전부를 발기인이 모두 인수하고, 주식 금액을 받아 설립한는 방법이다.

(2) 모집설립

주식회사를 설립할 때 발행할 주식 중 일부를 발기인이 인수하고, 나머지는 일반 투자가에게 공모하여 설립하는 방법이다.

[보기] 모집설립 하는 경우

① (주)삼양은 액면 @₩10,000의 보통주 10,000주를 발행총주식수로 하고 그 중 5,000주를 액면금액으로 발행하여 설립하기로 결정하고, 응모자로부터 주당 액면금액 상당액의 청약증거금을 받기로 하다. 그리고 거래 은행으로부터 청약주식수가 5,000주이며 청약금은 별단예금에 예치하였다는 통지를 받다.

(차)	별 단 예 금	50,000,000	(대) 신주청약증거금	50,000,000

② 상기 청약증거금을 주식 납입금에 충당하고 주식 청약자에게 주식을 발행하여 교부하다. 그리고 별단예금은 당좌예금으로 대체하다.

(차)	신주청약증거금	50,000,000	(대) 자 본 금	50,000,000
	당 좌 예 금	50,000,000	별 단 예 금	50,000,000

5. 증자와 감자

(1) 증자

증자는 이사회의 결의에 의하여 신주를 발행하여 자본금을 증가시키는 것을 말한다. 사업규모를 확대하기 위하여 회사의 순재산의 증가를 가져오는 유상증자(실질적 증자)와 회사 내의 유보이익인 잉여금을 자본금에 전입하는 무상증자(형식적증자)로 구분할 수 있다.

구 분	차 변		대 변	
유상증자(실질적 증자)	당 좌 예 금	××	자 본 금	××
			주식발행초과금	××
무상증자(형식적 증자)	잉 여 금	××	자 본 금	××

Q 현물출자
회사가 주식을 발행하고 받는 대가는 현금이 원칙이지만, 현금 이외의 토지, 건물 등으로 납입 받는 경우이다. 이때 출자자산을 과대평가하면 혼수자본이 발생하고, 출자자산을 과소평가하면 비밀적립금이 발생한다.

Q 기업이 현물을 제공받고 주식을 발행한 경우에는 제공받은 현물의 공정가치를 주식의 발행금액으로 한다.

(차) 유형자산 등	××	(대) 자 본 금	××
		주식발행초과금	××

(2) 감자

감자는 회사의 자본금 규모를 축소시키는 것으로 주주총회의 특별 결의에 의한다. 사업규모를 축소하기 위하여 주식을 매입 소각하고, 그 대가를 지급하는 유상감자(실질적 감자)와 누적된 결손금을 보전하기 위하여 상법에 따라 자본금을 감소시키는 무상감자(형식적 감자)가 있다.

구 분	차 변		대 변	
유상감자(실질적 감자)	자 본 금	××	당 좌 예 금 감 자 차 익	×× ××
무상감자(형식적 감자)	자 본 금	××	미 처 리 결 손 금 감 자 차 익	×× ××

Q 감자차익은 자본잉여금이고, 감자차손은 자본조정이다.

6. 자기주식

자기주식은 회사 자신이 발행한 주식은 원칙적으로 그 취득을 금지하고 있으나 소각, 합병, 또는 다른 회사의 영업 전부의 양수, 주주가 매수청구권을 행사하는 경우 등에 한해서 일시적으로 취득이 가능하다. 이때, 취득한 주식을 자기주식이라 하고 자본조정 항목으로 자본에서 차감하도록 하고 있다. 자기주식을 취득원가보다 초과하여 처분하면 자기주식처분이익 (자본잉여금 중 기타자본잉여금), 미달하면 자기주식처분손실(자본조정)이 발생한다.

구 분	차 변		대 변	
자기주식 취득시	자 기 주 식	×××	당 좌 예 금	×××
자기주식 처분시	당 좌 예 금 (자 기 주 식 처 분 손 실)	×××	자 기 주 식 자 기 주 식 처 분 이 익	××× ×××
자기주식 소각시	자 본 금 (감 자 차 손)	×××	자 기 주 식 감 자 차 익	××× ×××

7. 이익준비금

이익준비금이란, 상법의 규정에 의하여 매 결산기마다 금전에 의한 이익배당액의 1/10이상을 자본금의 1/2이 될 때까지 의무적으로 적립하도록 되어있는 법정적립금으로 결손보전과 자본전입 이외에는 사용할 수 없으며, 자본금의 50%를 초과하면, 그 초과액은 임의적립금으로 본다.

8. 이익잉여금처분계산서 및 결손금처리계산서

(1) 이익잉여금처분계산서

이익잉여금처분계산서는 미처분이익이영금을 처분한 사항을 명확히 보고하기 위하여 재무제표의 주석사상으로 작성하는 것으로 이익잉여금의 총변동사항을 표시한다. 이익잉여금처분계산서는 보고기간말(결산일) 이후 다음 회계연도초에 주주총회에서 확정되므로 이익잉여금의 처분사항은 재무상태표에 반영하지 않고 미처분이익잉여금으로 표시한다.

<u>이 익 잉 여 금 처 분 계 산 서</u>

제×기 20××년 ×월 ×일 ~ 20××년 ×월 ×일까지

처분예정일 20××년 ×월 ×일

회사명 (단위 : 원)

과목	당기 금액	
미처분이익잉여금		×××
전기이월미처분이익잉여금	××	
회계정책변경누적효과	(±)××	
전기오류수정	(±)××	
중간배당액	(−)××	
당기순이익	(+)××	
임의적립금이입액		(+)×××
배당평균적립금	××	
임의적립금	(+)××	
합계		×××
이익잉여금처분액		(−)×××
이익준비금	××	
기타법정적립금	××	
주식할인발행차금상각액	××	
배당금	××	
현금배당	(××)	
주식배당	(××)	
사업확장적립금	××	
감채적립금	(+)××	
차기이월미처분이익잉여금		×××

중간배당

중간배당이란 연1회 결산을 행하는 회사가 투자관행 정착을 위해 정관의 규정에 따라 이사회의 결의로 직전보고기말의 배당가능이익의 일부를 당해 보고기간 중에 배당금을 지급하는 것으로 반드시 금전으로 배당한다. 그러므로 이익준비금 설정할 때 중간배당금은 금전배당이므로 반드시 추가 설정해야 한다.

(2) 이익잉여금처분계산서의 회계처리

구 분	차 변		대 변	
당기순이익 발생시	손익	××	미처분이익잉여금	××
임의적립금 이입시	배당평균적립금	××	미처분이익잉여금	××
이익잉여금 처분시	미처분이익잉여금	××	이익준비금	××
			주식할인발행차금	××
			미지급배당금	××
			미교부주식배당금	××
			임의적립금	××

미처분이익잉여금

차변	대변
중간배당	전기이월
이익준비금, ○○적립금	당기순이익
배당금	
차기이월	임의적립금이입액

(3) 결손금처리계산서

결손금처리계산서

회사명 제×기 20××년 ×월 ×일 ~ 20××년 ×월 ×일까지 (단위 : 원)
처분예정일 20××년 ×월 ×일

과 목	당기 금액	
미처리결손금		×××
전기이월미처리결손금	××	
회계정책변경누적효과	(±)××	
전기오류수정	(±)××	
중간배당액	(+)××	
당기순손실	(+)××	
결손금처리액		(−)×××
임의적립금이입액	××	
이익준비금이입액	××	
자본잉여금이입액	××	
차기이월미처리결손금		×××

(4) 결손금처리계산서의 회계처리

구 분	차 변		대 변	
당기순손실 발생시	미 처 리 결 손 금	××	손 익	××
미처리결손금 처리시	임 의 적 립 금 이 익 준 비 금 자 본 잉 여 금	×× ×× ××	미 처 리 결 손 금	××

결손금처리 순서

임의적립금 (○○적립금) ⇒ 법정적립금 (이익준비금) ⇒ 자본잉여금 (주식발행초과금, 감자차익, 자기주식처분이익)

※ 상법 개정으로 인하여 한국회계기준원에서 회사가 결손금을 자율적으로 처리할 수 있게 개정하였다. (2014년 12월 24일 개정)

9. 주당이익

주당이익(earning per share, EPS)이란, 기업의 당기순이익을 유통되고 있는 보통주 주식수로 나누어 한 회계기간 동안 보통주 1주당 기업의 당기순이익을 나타낸 것이다.

$$\frac{\text{보통주당기순이익}}{\text{유통보통주주식수}} = \text{주당이익}$$

멘토노트

✔ 자본
- 자 본 금
- 자 본 잉 여 금 : 주식발행초과금, 감자차익, 자기주식처분이익
- 자 본 조 정 : 주식할인발행차금, 감자차손 및 자기주식처분손실, 자기주식, 신주청약증거금
- 기타포괄손익누계액 : 기타포괄손익금융자산평가손익, 해외사업환산손익, 재평가잉여금, 현금흐름위험회피 파생상품평가손익, 확정급여제도의 보험수리적손익
- 이 익 잉 여 금 : 이익준비금, ○○적립금, 미처분이익잉여금

기본문제 section 12

01. 다음거래를 분개하시오.

(1) 자본금을 증자하기 위해 액면금액 ₩5,000인 보통주 신주 1,500주를 액면금액으로 발행하고 보통예금으로 납입 받다.

(2) (주)한일이 신주 100주(액면가액 @₩10,000)를 @₩11,000에 발행하고, 납입금은 당좌예금하다.

(3) (주)한일이 신주 100주(액면가액 @₩10,000)를 @₩9,000에 발행하고 납입금은 당좌예금하다.

(4) 액면가액 ₩100,000인 주식을 ₩90,000에 할인발행하고 납입금은 보통예금하고, 주식발행비 ₩5,000을 현금으로 지급하였다.

(5) A회사가 자본금을 증자하기 위하여 신주 10,000주(액면가액 @₩10,000)를 @₩12,000에 발행하고 납입금은 보통예금하고, 신주발행비 ₩5,000,000은 수표발행하여 지급하다.

(6) 주식 10,000주(액면가액 ₩5,000)를 주당 ₩6,000에 발행하고 납입대금은 전액 당사 보통예금에 납입하였으며, 신주발행비 ₩1,000,000은 전액 현금으로 지급하였다.

(7) 회사는 다음과 같이 증자하기로 결정하고, 신주를 발행하여 주금을 현금으로 납입받았다.

> •발행할 주식의 종류와 수 : 보통주식 10,000주
> •발행할 주식의 액면가액 : @₩5,000
> •주식의 발행가액 : @₩6,000

NO	차변과목	금 액	대변과목	금 액
(1)				
(2)				
(3)				
(4)				
(5)				
(6)				
(7)				

02. 다음 거래를 분개하시오.

(1) 동해산업(주)은 사업확장을 위하여 신주 10,000주를 주당 ₩1,200(액면 @₩1,000)에 발행하여 납입금은 당좌예금하다.

(2) 서해산업(주)는 사업 규모를 축소하기 위해 발행 주식 1,000주를 1주당 ₩3,000(액면 @₩5,000)에 수표발행하여 매입소각 하다. (단, 미처리결손금이 ₩500,000이 있다.)

NO	차변과목	금 액	대변과목	금 액
(1)				
(2)				

03. 다음 자료에 의하여 당기 말 미처분 이익잉여금과 차기이월 미처분이익잉여금을 각각 구하면 얼마인가?

전기이월 미처분이익잉여금	₩ 200,000
당기순이익	60,000
이익준비금 적립액	20,000
배당금(다음기초에 지급)	40,000

(1) 당기말 미처분이익잉여금 (₩)

(2) 차기이월 미처분이익잉여금 (₩)

01. 액면주식을 발행한 주식회사의 자본금을 계산하는 방법으로 옳은 것은?

① 주당 액면가액 × 수권주식수
② 주당 발행가액 × 수권주식수
③ 주당 액면가액 × 발행주식수
④ 주당 발행가액 × 발행주식수

02. 다음 자료에 의하여 결산일 현재 재무상태표에 나타난 자본 총액을 계산하면 얼마인가?

가. 보통주 자본금	₩200,000	나. 우선주 자본금	300,000
다. 주식발행초과금	90,000	라. 자기주식	50,000
마. 주식할인발행차금	70,000		

① ₩600,000
② ₩590,000
③ ₩520,000
④ ₩470,000

03. 주식회사에서 잔여지분은 마지막으로 누구에게 귀속되는가?

① 종업원
② 채권자
③ 보통주 주주
④ 우선주 주주

04. 특정연도의 이익배당액이 소정의 우선배당률에 미달할 때는 그 부족액을 다음 연도의 이익에서 배당을 청구할 수 있는 주식은 다음 중 어느 것인가?

① 누적적 우선주
② 참가적 우선주
③ 비누적적 우선주
④ 비참가적 우선주

05. 다음 중 자본잉여금으로 분류되지 않는 것은?

① 감자차익
② 자기주식처분이익
③ 주식발행초과금
④ 이익준비금

06. 다음 중 기타포괄손익누계액계정이 아닌 것은?

① 해외사업환산이익
② 기타포괄손익금융자산평가이익
③ 이익준비금
④ 재평가잉여금

07. 다음 중 차감적 자본항목이 아닌 것은?

① 주식할인발행차금 ② 감자차손
③ 해외사업환산이익 ④ 자기주식처분손실

08. 주식발행초과금과 주식할인발행차금은 어떻게 분류되는가?

	주식발행초과금	주식할인발행차금
①	자본잉여금	부가적 자본조정항목
②	이익잉여금	부가적 자본조정항목
③	이익잉여금	차감적 자본조정항목
④	자본잉여금	차감적 자본조정항목

09. 다음 중 자본의 실질적 감소를 가져오는 거래로 옳은 것은?

① 자본잉여금을 재원으로 하여 무상증자를 실시하다.
② 이미 발행한 주식을 유가증권시장에서 매입하여 소각하다.
③ 이익을 배당하면서 현금배당 대신에 주식배당을 실시하다.
④ 주식을 액면이하로 발행하여 주금을 현금으로 납부 받다.

10. 다음의 거래 중에서 자본계정을 증감시키지 않는 거래는?

① 장부가액 ₩10,000의 토지를 ₩20,000에 처분하다.
② 주주에게 보통주 1,000주를 주식배당하기로 주총에서 결의하다.
③ 자기주식 100주(액면가 ₩500)을 ₩50,000에 취득하다.
④ 주주에게 ₩100,000의 현금배당하기로 주총에서 결의하다.

11. 주식 1,000주 (1주당 액면가액 ₩500)를 1주당 ₩450에 현금으로 구입하여 소각한 경우에 적절한 분개는?

①	(차)	자 본 금	500,000	(대)	현 금	500,000
②	(차)	자 본 금	450,000	(대)	현 금	500,000
		감 자 차 손	50,000			
③	(차)	자 본 금	500,000	(대)	현 금	450,000
					감 자 차 익	50,000
④	(차)	자 본 금	450,000	(대)	현 금	450,000
		감 자 차 익	50,000			

12. "(주)상공은 사업의 규모를 축소하기 위하여 발행주식 100주를 1주당 ₩4,000(액면 @₩5,000)에 수표를 발행하여 매입·소각하다."의 올바른 분개는?

①	(차) 자본금	400,000	(대) 당좌예금	400,000
②	(차) 자본금	500,000	(대) 당좌예금	400,000
			감자차익	100,000
③	(차) 자본금	400,000	(대) 당좌예금	500,000
	자기주식처분손실	100,000		
④	(차) 자본금	500,000	(대) 당좌예금	400,000
			자기주식처분이익	100,000

13. (주)상공의 20×1년 기초 자본계정과 기말 자본계정은 각각 ₩150,000과 ₩200,000이다. (주)상공의 20×1년에 발생한 다음의 자본거래를 고려하면 당기순이익은 얼마인가?

- 당기 중 주주에 대한 현금배당	₩5,000
- 재평가잉여금의 증가	₩15,000
- 무상증자	₩20,000
- 주식배당	₩10,000

① ₩30,000　　② ₩40,000
③ ₩50,000　　④ ₩60,000

14. 미처분이익잉여금 ₩40,000,000이 있는 (주)상공은 주주총회의 결의에 의하여 이익준비금으로 ₩1,000,000, 감채적립금으로 ₩4,000,000, 배당금으로 ₩10,000,000을 처분하였다. 차기이월 미처분이익잉여금은 얼마인가?

① ₩15,000,000　　② ₩25,000,000
③ ₩35,000,000　　④ ₩40,000,000

15. 다음 자료에 의하여 당기 말 미처분 이익잉여금을 구하면 얼마인가?

전기이월 미처분이익잉여금	₩ 100,000
당기순이익	30,000
이익준비금 적립액	10,000
배당금(다음기초에 지급)	20,000

① ₩100,000　　② ₩130,000
③ ₩120,000　　④ ₩160,000

16. 다음 자료에 기초하여 기본주당순이익을 계산하면 얼마인가?

가. 기말 보통주 자본금(수권주식수 2,000주, @₩1,000) : ₩1,000,000
나. 당기순이익 : ₩475,000
다. 당기 가중평균유통보통주식수 : 950주
라. 우선주는 없다.

① ₩237.5　　② ₩500
③ ₩475　　④ ₩527.8

17. 다음은 (주)상공의 주주총회 결의사항이다. 이를 회계처리 할 때 미지급배당금으로 계상될 금액은 얼마인가? 단, 배당률은 자본금의 1%로 하기로 한다.

가. 보통주 자본금 총액 ₩100,000,000　　나. 미처분이익잉여금 ₩2,000,000
다. 이익준비금 : 상법상 최저 한도액　　라. 임의적립금 : ₩500,000
마. 배당내역 : 현금배당 50%, 주식배당 50%

① ₩50,000　　② ₩450,000
③ ₩1,000,000　　④ ₩500,000

18. 자본에 대한 설명으로 옳지 않은 것은?

① 자본은 납입자본, 이익잉여금, 기타자본요소로 분류할 수 있다.
② 자본금은 발행주식수와 주당 액면금액의 곱으로 산출된다.
③ 주식발행초과금은 납입자본으로 분류된다.
④ 기타포괄손익누계액은 당기순손익에 포함되어 자본을 증가시킨다.

19. (주)한국은 자사가 발행한 주식 100주(1주당 액면가액 ₩100)를 1주당 ₩120에 취득, 보유하였다. 이중 30주를 당기에 1주당 ₩150에 처분하고 현금을 받은 경우에 처분시의 적절한 분개는?

①	(차) 현금	4,500	(대) 유가증권	3,600
			유가증권처분이익	900
②	(차) 현금	4,500	(대) 자기주식	4,500
③	(차) 현금	4,500	(대) 자기주식	3,600
			투자유가증권처분이익	900
④	(차) 현금	4,500	(대) 자기주식	3,600
			자기주식처분이익	900

20. 상공주식회사를 설립할 때 발기인이 토지 ₩2,000,000과 건물 ₩1,000,000을 출자하였다. 한국감정원의 감정결과 토지는 ₩1,500,000, 건물은 ₩700,000 시가로 평가되어 이에 상응한 주식을 발행하여 교부하였다. 이에 대한 분개로 옳은 것은?

①	(차) 토지	1,500,000	(대) 자본금	2,200,000
	건물	700,000		
②	(차) 토지	2,000,000	(대) 자본금	3,000,000
	건물	1,000,000		
③	(차) 토지	1,500,000	(대) 자본금	3,000,000
	건물	700,000		
	자본조정	800,000		
④	(차) 토지	2,000,000	(대) 자본금	2,200,000
	건물	1,000,000	자본조정	800,000

정리 NOTE

13

수익과 비용

1. 수익
2. 비용
3. 손익의 정리
4. 기업의 세금
5. 법인세비용
6. 부가가치세
(valus-added tax : V.A.T)

13 section 수익과 비용

수익과 비용은 각각 통상적인 경영활동에서 발생하는 경제적 효익의 유입과 유출을 말한다. 여기서 통상적인 경영활동이란 회사가 그 설립목적에 따른 영리추구행위를 수행하는 제반 활동을 의미하는데 고객에게 상품, 제품과 같은 재화를 판매하고 용역을 제공하는 행위가 가장대표적인 활동이다. 현행 재무회계에게 수익과 비용은 발생주의 회계절차에 따라 인식하되, 원칙적으로 수익과 비용은 대응하여 인식한다. 즉, 특정 거래와 관련하여 발생한 수익은 비용은 동일한 회계기간에 인식한다는 것이다. 그러므로 관련된 비용을 신뢰성 있게 측정할 수 없다면 수익 자체도 인식할 수 없고, 재화판매 혹은 용역의 대가로 미리 받은 금액은 우선 부채로 인식하여야 할 것이다.

1. 수익

주요 경영활동으로서의 재화의 생산·판매, 용역의 제공 등에 따른 경제적 효익의 유입으로서, 자산의 증가 또는 부채의 감소 및 그 결과에 따른 자본의 증가로 나타나는 것이다.

(1) 수익의 인식

수익은 다음의 두 가지 기준을 동시에 충족하였을 때 수익으로 인식한다.

① 실현기준	실현되었거나 혹은 실현가능한 시점에서 수익을 인식한다.
② 가득기준	가득(수익획득)과정이 완료된, 즉 가득된 시점에서 수익을 인식한다.

(2) 수익의 구분

① 매 출 액	매출
② 기타수익	수수료수익, 로열티수익, 보험차익, 외환차익, 당기손익금융자산처분이익, 당기손익금융자산평가이익, 유형자산처분이익, 사채상환이익, 외화환산이익, 자산수증이익, 채무면제이익, 잡이익, 임대료
③ 금융수익	이자수익, 배당금수익

(3) 수익계정의 종류와 뜻

수익의 종류	내 용
① 매출	상품 또는 제품을 매출한 금액
② 당기손익금융자산처분이익	당기손익금융자산을 장부금액이상으로 처분한 경우의 이익
③ 당기손익금융자산평가이익	결산시 당기손익금융자산의 장부금액보다 공정가치가 큰 경우
④ 기타포괄손익금융자산처분이익	기타포괄손익금융자산을 장부금액이상으로 처분한 경우의 이익
⑤ 유형자산처분이익	유형자산을 장부금액이상으로 처분한 경우의 이익
⑥ 외화환산이익	결산일에 화폐성 외화자산·외화부채의 환율변동으로 인한 환산이익
⑦ 잡이익	영업활동과 관계없이 발생한 소액의 이익
⑧ 이자수익	대여금, 예금에 대한 이자수입액
⑨ 수수료수익	상품의 판매알선, 용역제공을 하고 수수료를 받은 경우
⑩ 배당금수익	주식에 투자하고 받는 배당금 수입액
⑪ 임대료	건물 등을 빌려주고 받은 수익
⑫ 보험차익	보험피해금액보다 보상받은 보험금액이 큰경우
⑬ 외환차익	외화자산의 회수, 외화부채의 상환시에 발생하는 차익
⑭ 채무면제이익	채권자로부터 채무의 전부 또는 일부를 면제 받은 경우
⑮ 자산수증이익	타인으로부터 자산을 무상으로 받은 경우

2. 비용

기업실체의 경영활동과 관련된 재화의 판매, 용역의 제공 등에 따라 발생하는, 자산의 유출이나 사용 또는 부채의 증가로 결과적으로 자본의 감소를 가져오는 것이다.

(1) 비용의 인식

비용을 인식함에 있어 적용되는 일반적인 원칙은 수익·비용대응의 원칙이다. 경제적 효익의 사용은 그 사용으로 인해 획득되는 수익이 인식될 때 비용으로 인식한다는 것이다. 즉, 비용은 그 비용이 기여한 수익과 동일한 기간에 인식하는 수익·비용 대응의 원칙에 따라 인식한다.

① **직접 대응 비용** : 매출원가, 판매원 수당 등

② **기간별 대응 비용** : 광고비 등

③ **합리적이고 체계적인 배분 비용** : 감가상각비, 무형자산상각비 등

(2) 비용의 구분

① 기능별 분류

매출원가, 물류원가, 관리비, 기타비용, 금융원가, 법인세비용

② 성격별 분류

상품의 변동, 상품매입액, 종업원급여비용, 감가상각비와 기타상각비, 기타비용

㉠ 매출원가	기초상품재고액 + 당기매입액 − 기말상품재고액
㉡ 판매비(물류원가)와 관리비	운반비, 보관료, 광고선전비, 급여, 퇴직급여, 통신비, 접대비, 연구비, 소모품비, 여비교통비, 수도광열비, 복리후생비, 차량유지비, 도서인쇄비, 경상개발비, 감가상각비, 대손상각비, 무형자산상각비, 세금과공과, 임차료, 보험료, 명예퇴직금
㉢ 기타(영업외)비용	수수료비용, 외환차손, 외화환산손실, 당기손익금융자산처분손실, 당기손익금융자산평가손실, 유형자산처분손실, 재고자산감모손실, 재고자산평가손실, 사채상환손실, 재해손실, 잡손실, 기부금
㉣ 금융원가	이자비용
㉤ 법인세비용	법인세

(3) 비용계정의 종류와 뜻

비용의 종류	내 용
① 매출원가(매입)	판매한 상품 또는 제품의 원가
② 급여	근로의 대가로 지급하는 금액
③ 통신비	전화요금, 전보, 우표, 엽서, 인터넷전용회선요금, 팩스사용료 등
④ 접대비	거래처 접대비·선물비·경조금·화환대 등
⑤ 운반비	상품 매출시 발송비, 택배비 등
⑥ 수선비	건물수선비, 구축물수선비, 기계장치수선비, 공구기구비품수선비 등
⑦ 소모품비	사무용품, 사무용용지, 청소용품, 주방용품, 어음수표구입, 양식구입 등
⑧ 복리후생비	종업원에 대한 식대보조금, 식당운영보조비, 잔업식대, 의료비, 건강보험료, 산재보험료, 고용보험료, 국민연금, 선물대, 경조금, 일숙직비, 건강진단료, 동호회활동비, 학자금보조, 시상금, 사내행사비 등
⑨ 수도광열비	전기료, 수도료, 가스료, 유류비, 연탄비등
⑩ 차량유지비	차량유류대, 잡유대, 주차료, 통행료, 세차비, 검사비, 차량수리비 등
⑪ 광고선전비	국내광고비, 해외광고비, 전시회비용, 홍보자료제작비, 야외옥탑광고 등
⑫ 여비교통비	국내출장비, 해외출장비 시내교통비 및 대중교통 요금, 전임 및 부임여비
⑬ 도서인쇄비	도서구입, 정기간행물, 해외기술서적, 인쇄비, 기계사용매뉴얼
⑭ 감가상각비	유형자산의 가치감소액
⑮ 대손상각비	매출채권에 대한 대손추산액 또는 회수불가능채권
⑯ 무형자산상각비	무형자산의 가치감소액

비용의 종류	내 용
⑰ 잡비	발생빈도나 금액이 적어서 중요성이 없는 비용, 발생빈도나 금액이 클 경우 별도과목 표시(예, 회의비, 교육훈련비, 연수비, 자료수집비, 신용조사비)
⑱ 세금과공과	재산세, 인지세, 벌과금, 면허세, 자동차세, 사업소세, 종합토지세, 균등할주민세, 상공회의소회비, 협회비 등
⑲ 임차료	사옥임차료, 기계 및 장비임차료, 복사기임차료, 주차장임차료, 사택임차료, 차량임차료, 전산장비임차료 등
⑳ 보험료	손해보험료, 보증보험료, 창고보험료, 수출보험료 등
㉑ 보관료	창고 사용료
㉒ 당기손익금융자산처분손실	당기손익금융자산을 장부금액미만으로 처분한 경우의 손실
㉓ 당기손익금융자산평가손실	결산시 당기손익금융자산의 장부금액보다 공정가치가 적은경우
㉔ 기타포괄손익금융자산처분손실	기타포괄손익금융자산을 장부금액미만으로 처분한 경우의 손실
㉕ 유형자산처분손실	유형자산을 장부금액미만으로 처분한 경우의 손실
㉖ 외화환산손실	결산일에 화폐성 외화자산·외화부채의 환율변동으로 인한 환산손실
㉗ 잡손실	영업활동과 관계없이 발생한 소액의 손실
㉘ 재해손실	천재지변(화재, 풍수해, 지진 등)과 돌발적인 사건(거액의 도난)에 의한 손실
㉙ 이자비용	차입금이나 사채의 이자 지급액
㉚ 수수료비용	용역을 제공받고 지급한 수수료
㉛ 외환차손	외화자산의 회수, 외화부채의 상환시에 발생하는 차익
㉜ 기부금	자선 사업이나 공공사업을 도울 목적으로 내어 놓는 돈.

3. 손익의 정리

구 분	차 변		대 변		비 고
비용의 선급액(미경과액)	선급비용	××	(비용)	××	비용의 이연
수익의 선수액(미경과액)	(수익)	××	선수수익	××	수익의 이연
수익의 미수액(경과액)	미수수익	××	(수익)	××	수익의 예상
비용의 미지급액(경과액)	(비용)	××	미지급비용	××	비용의 예상

◈ 소모품비(비용) → 사용액 소모품(자산) → 미사용액

비 용

전기선급액(기초)	전기미지급액(기초)
지급액	손익(당기분)
당기미지급액(기말)	당기선급액(기말)

수 익

전기미수액(기초)	전기선수액(기초)
손익(당기분)	수입액
당기선수액(기말)	당기미수액(기말)

4. 기업의 세금

구 분	차 변		대 변	
재산세, 자동차세, 균등할주민세, 상공회의소회비 등 지급시	세 금 과 공 과	××	현 금	××
법인세 지급시	법 인 세 비 용	××	현 금	××
원천징수한 근로소득세 지급시	예 수 금	××	현 금	××
취득세, 등록세 지급시	(유 형 자 산)	××	현 금	××

Q 건물 구입시 취득세, 등록세는 건물, 토지 구입시 취득세, 등록세는 토지, 차량 구입시 취득세, 등록세는 차량운반구이다.

5. 법인세비용

법인기업의 각 사업연도소득세 대하여 과세되는 세금을 말하며, 보고기간 종료일로부터 3개월 이내에 관할 세무서에 자신신고 납부해야 한다.

구 분	차 변		대 변	
법인세 중간 예납시	선 급 법 인 세	××	현 금	××
결산시 법인세 추산시	법 인 세 비 용	××	선 급 법 인 세 미 지 급 법 인 세	×× ××

Q 법인세 중간예납액은 직전 사업연도 법인세비용의 1/2이상을 납부하면 된다.
Q 법인세비용은 법인세에 부과되는 소득할주민세와 농어촌특별세를 포함한다.

6. 부가가치세(valus-added tax : V.A.T)

부가가치세는 사업자가 재화 또는 용역을 공급하는 과정에서 창출한 부가가치에 대한 세금이다. 매출자는 상품을 매출할 때 공급가액에 대하여 10%의 부가가치세를 상품대금과 함께 받고 세금계산서를 발급하고 매입자는 상품대금과 함께 부가가치세를 매출자에게 지급한다. 수출이나 내국신용장에 의한 매출은 0%의 세율을 적용하고, 농·축·수·임산물판매업, 병원, 금융기관, 학원 등은 면세사업으로 부가가치세가 과세되지 않는다.

구 분	차 변		대 변	
상품 매입시	매 입 부가가치세대급금	10,000 1,000	외 상 매 입 금	11,000
상품 매출시	외 상 매 출 금	14,300	매 출 부가가치세예수금	13,000 1,300
부가세 납부시	부가가치세예수금	1,300	부가가치세대급금 현 금	1,000 300
부가세 정리시	부가가치세예수금	1,000	부가가치세대급금	1,000

부가가치세 과세기간 : 제1기(1/1 ~ 6/30), 제2기(7/1 ~ 12/31)

멘토노트

✔ 판매비(물류원가)와 관리비 : 여, 비, 세, 료

✔ 매입아래 부가가치세대급금, 매출아래 부가가치세예수금

✔

비	용	수	익
전선 (전월선급)	전미 (전월미지급)	전미 (전월미수)	전선 (전월선수)
지 (지급액)	손 (손익)	손 (손익)	수 (수입액)
당미 (당월미지급)	당선 (당월선급액)	당선 (당월선수)	당미 (당월미수)

기본문제

01. 다음 연속된 거래를 분개하시오.

(1) (주) 한국상사는 법인세의 중간 예납을 위하여 전년도 법인세비용 ₩500,000의 1/2인 ₩250,000을 현금으로 납부하다.

(2) 결산 결과 당기에 부담할 법인세를 ₩600,000으로 계상하다.

NO	차변과목	금 액	대변과목	금 액
(1)				
(2)				

02. 다음 거래를 분개하시오.

(1) 상품 ₩450,000을 외상매입하고, 부가가치세 10%를 현금으로 지급하다.

(2) 상품을 ₩600,000에 외상매출하고, 부가가치세 10%를 현금으로 받다.

(3) 제1기 동안에 기록된 부가가치세대급금계정의 잔액이 ₩45,000이고, 부가가치세예수금계정의 잔액이 ₩60,000일때 7월 25일 부가가치세 확정신고와 함께 부가가치세를 현금으로 납부하였다.

(4) 12월 31일 결산시 부가가치세대급금 ₩25,000과 부가가치세예수금 ₩30,000을 정리하다.

NO	차변과목	금 액	대변과목	금 액
(1)				
(2)				
(3)				
(4)				

01. 주요 경영활동으로서의 재화의 생산 판매, 용역의 제공 등에 따른 경제적 효익의 유입으로서, 자산의 증가 또는 부채의 감소 및 그 결과에 따른 자본의 증가로 나타나는 것은 무엇이라고 하는가?

① 자산 ② 부채
③ 수익 ④ 비용

02. 다음 설명 중 잘못된 것은?

① 발생주의 입장에서 수익은 재화 및 용역에 대한 대가를 현금으로 수령하였을 때만 인식된다.
② 자산의 실제가치는 재무상태표에 보고된 취득원가보다 더 클 수 있다.
③ 동일한 금액이라도 총자산에 미치는 영향력 즉 중요성의 정도는 기업규모에 따라 달라질 수 있다.
④ 부채는 미래에 제3자에게 현금, 기타 재화 또는 용역을 제공하여야 할 의무를 말하며, 기업자산에 대한 채권자지분이다.

03. 다음 중 발생주의 회계에 의한 수익인식의 시점 기준으로 옳지 않은 것은?

① 상품구입기준 ② 생산진행기준
③ 생산완료기준 ④ 판매기준

04. 다음은 수익의 인식 시점에 대한 설명이다. 옳은 것은?

① 상품을 주문받은 날에 수익으로 인식한다.
② 상품을 판매한 날에 수익으로 인식한다.
③ 상품을 매출하고 대금을 회수한 날에 수익으로 인식한다.
④ 배당수익은 배당금을 현금으로 수취한 날에 수익으로 인식한다.

05. 수익과 비용의 인식에 대한 설명으로 적합한 것은?

① 수익은 실현이 되거나 가득(earned)되었을 때, 즉 실현과 가득조건 중에서 하나를 만족할 때 인식한다.
② 비용은 관련된 수익이 인식된 회계기간에 인식한다.
③ 수익은 발생주의에 따라서 인식하고 비용은 현금주의에 따라서 인식할 수 있다.
④ 현금주의가 발생주의보다 경영성과를 더욱 잘 나타낸다.

06. 다음 중 수익의 인식에 관한 설명 중 틀린 것은?

① 수익은 일반적으로 판매시점에서 인식한다.
② 수익은 실현되었거나 실현가능하고 획득된 시점에 인식한다.
③ 중소기업은 장기할부판매의 경우 할부금회수도래일에 할부금을 수익으로 인식할 수 있다.
④ 장기할부판매의 경우 매출액도 현재가치로 환산하지 않고 매출채권 금액도 현재가치로 환산하지 않는다.

07. 다음 거래 중 기말에 자본계정의 증감을 발생시키는 거래가 아닌 것은? 단, 손익은 발생주의에 따라 인식하고 결산기는 12월말인 것으로 가정한다.

① 12월 1일에 사무실에 도둑이 들어와서 현금 ₩10,000을 훔쳐 달아났다.
② 12월 1일에 은행으로부터 ₩200,000을 2년간 차입하고 2년간의 이자는 연 5%로 원금 상환시 지급하기로 하였다.
③ 12월 1일에 고객으로부터 현금 ₩100,000을 받고 그 다음연도 1월 2일에 상품을 인도하기로 하였다.
④ 12월 1일에 월 ₩100,000의 급여(급여지급일은 매월 말일)를 지급하기로 하고 종업원을 채용하였다.

08. (주)상공의 선수임대료계정의 기초잔액은 ₩700이였으며, 당기의 포괄손익계산서상의 임대료는 ₩48,000이며, 기말 현재 작성된 재무상태표상의 선수임대료 ₩1,200이다. (주)상공이 당기에 임차인으로부터 받은 임대료의 현금 수취액은 얼마인가? 단, 임대료 수입시 전액 현금으로 수취한 것으로 가정한다.

① ₩47,500　　② ₩48,500
③ ₩49,100　　④ ₩49,700

09. 다음은 (주)대진의 20×1년 재무자료이다. 당기 포괄손익계산서에 비용으로 인식하여야 할 금액은 얼마인가?

- 기초 미지급비용 ₩15,000
- 기말 미지급비용 ₩25,000
- 당기 미지급비용에 대한 현금 지급액 ₩75,000

① ₩65,000　　② ₩75,000
③ ₩85,000　　④ ₩90,000

10. (주)창업은 20×1년 초 현금 ₩5,000,000을 은행차입하고 본인 소유 건물 ₩10,000,000을 출자하여 영업을 개시하였다. 20×1년 영업활동을 수행한 결과 ₩8,000,000의 수익과 ₩5,000,000의 비용이 발생하였다. 이 기업의 20×1년 12월말 재무상태표에 표시될 자본총액은 얼마인가?

① ₩10,000,000　② ₩13,000,000
③ ₩15,000,000　④ ₩18,000,000

11. (주)한국은 당기중 법인세 중간예납세액 ₩120,000을 납부할 때 선급법인세계정을 이용하여 회계처리하였다. 결산결과 당기의 법인세는 ₩300,000으로 계산되었다. 결산시 법인세와 관련된 분개로 적절한 것은?

①	(차) 법인세비용	300,000	(대)	선급법인세	120,000
				미지급법인세	180,000
②	(차) 법인세비용	300,000	(대)	미지급법인세	300,000
③	(차) 세금과공과	300,000	(대)	선급법인세	120,000
				미지급법인세	180,000
④	(차) 세금과공과	300,000	(대)	미지급법인세	300,000

12. 상품을 ₩60,000에 외상매출하고 부가가치세 10%를 현금으로 받은 경우에 적절한 분개는? (단, 상품 거래는 3분법으로 처리할 것)

①	(차) 외상매출금	60,000	(대)	매출	60,000
	현금	6,000		부가가치세대급금	6,000
②	(차) 외상매출금	60,000	(대)	매출	60,000
	현금	6,000		부가가치세예수금	6,000
③	(차) 외상매출금	60,000	(대)	매출	66,000
	현금	6,000			
④	(차) 외상매출금	60,000	(대)	매출	60,000
	현금	6,000		선수금	6,000

13. 20×1년 1월 1일부터 6월 30일까지 ₩100,000(부가가치세를 제외한 금액)의 매출과 ₩110,000(부가가치세를 제외한 금액)의 매입이 있었다. 매출과 매입이 모두 부가가치세 과세거래일 때, 20×1년 제1기분 부가가치세 확정신고시 해야 할 분개는? 단, 부가가치세 신고시 납부할 세액이 있으면 즉시 납부하고, 환급받을 세액이 있으면 신고 즉시 환급받는다고 가정한다.

① (차)	부가가치세예수금	10,000	(대)	부가가치세대급금	10,000
② (차)	부가가치세예수금	10,000	(대)	부가가치세대급금	11,000
	현금	1,000			
③ (차)	부가가치세예수금	11,000	(대)	부가가치세대급금	10,000
				현금	1,000
④ (차)	부가가치세예수금	11,000	(대)	부가가치세대급금	11,000

14. (주)상공은 20×1년 7월 25일 제1기 부가가치세 확정신고를 하고 신고와 함께 부가가치세를 현금으로 납부하였다. 20×1년 제1기 동안에 기록된 부가가치세대급금계정의 잔액이 ₩45,000이고 부가가치세예수금계정의 잔액이 ₩60,000일 때 20×1년 7월 25일의 적절한 분개는?

① (차)	부가가치세예수금	45,000	(대)	부가가치세대급금	45,000
② (차)	부가가치세대급금	45,000	(대)	부가가치세예수금	45,000
③ (차)	세금과공과	15,000	(대)	현금	15,000
④ (차)	부가가치세예수금	60,000	(대)	부가가치세대급금	45,000
				현금	15,000

15. 다음 계정에 의하는 경우 7월 25일 제1기 부가가치세 확정 신고시 납부세액은 얼마인가?

부가가치세 대급금

3/2	1,000		
7/1	700		

부가가치세 예수금

		3/ 4	1,300
		7/20	900

① ₩300
② ₩600
③ ₩1,200
④ ₩1,500

16. 전남상점은 20×1년 7월 25일 제1기 부가가치세 확정신고를 하고 부가가치세를 현금으로 납부하였다. 부가가치세 관련계정이 다음과 같을 때 7월 25일 부가가치세 납부와 관련된 분개로 적절한 것은? (단, 예정신고를 하지 않았다고 가정한다.)

부가가치세 대급금

3/10	30,000	
6/10	20,000	
7/ 3	10,000	

부가가치세 예수금

	2/10	40,000
	6/15	50,000

① (차) 부가가치세예수금	90,000	(대) 부가가치세대급금	60,000
		현금	30,000
② (차) 부가가치세예수금	90,000	(대) 부가가치세대급금	50,000
		현금	40,000
③ (차) 세금과공과	30,000	(대) 현금	30,000
④ (차) 세금과공과	40,000	(대) 현금	40,000

17. (주)상공은 ₩600,000의 매출과 ₩400,000의 매입거래가 있었다. 매출과 매입거래가 모두 부가가치세 과세거래일 때, 부가가치세가 없는 경우에 비해 부가가치세가 있는 경우가 재무제표에 미치는 영향은?

① 자산의 증가와 부채의 증가 ② 자산의 감소와 부채의 감소
③ 부채의 증가와 자본의 감소 ④ 영향없음

18. 상품 ₩1,000,000(부가가치세 10% 별도)을 매입하고, 대금은 부가가치세와 함께 30일 후 선일자 수표를 발행하여 지급한 거래를 분개할 때 기입되지 않는 계정과목은?

① 당좌예금 ② 부가가치세대급금
③ 매입채무 ④ 매입

19. 다음은 '종업원급여'와 관련된 설명이다. 옳지 않은 것은?

① 당기근무원가는 당기에 종업원이 근무용역을 제공함에 따라 발생하는 확정급여채무의 명목가치 증가액을 말한다.
② 단기종업원급여는 종업원이 관련 근무용역을 제공한 회계기간의 말부터 12개월 이내에 지급기일이 전부 도래하는 종업원급여를 말한다.
③ 종업원은 전일제나 시간제 그리고 정규직이나 임시직으로 기업에 근무용역을 제공할 수 있다. 이때의 종업원은 이사와 그 밖의 경영진도 포함한다.
④ 해고급여는 통상적인 퇴직시점 이전에 종업원을 해고 하거나 일정한 대가와 교환하여 자발적 명예퇴직을 수락하고자 하는 종업원의 결정으로 지급되는 종업원급여를 말한다.

정리 NOTE

14

기말결산정리사항

14 section 기말결산정리사항

(1) 매출채권의 대손추산

분 개	(+)	대 손 상 각 비	××	대 손 충 당 금	××
	(−)	대 손 충 당 금	××	대 손 충 당 금 환 입	××

계 산	매출채권 × 대손율 − 대손충당금잔액 = 대손추가설정액(대손환입액)

(2) 유형자산의 감가상각

분 개	감 가 상 각 비	××	감 가 상 각 누 계 액	××

계 산	(정액법) $\frac{(\text{취득원가} - \text{잔존가액})}{\text{내용연수}}$ = 감가상각비

(3) 당기손익금융자산의 평가

분 개	(증가)	당 기 손 익 금 융 자 산	××	당기손익금융자산평가이익	××
	(감소)	당기손익금융자산평가손실	××	당 기 손 익 금 융 자 산	××

계 산	합계잔액시산표 당기손익금융자산잔액과 평가액을 비교한다.

(4) 외화자산, 외화부채 평가

① 외화환산이익	외 화 자 산 외 화 부 채	×× ××	외 화 환 산 이 익	××
② 외화환산손실	외 화 환 산 손 실	××	외 화 자 산 외 화 부 채	×× ××

(5) 수익·비용의 이연 및 예상

① 비용의 선급액(미경과액)	선 급 비 용	××	(비 용)	××
② 수익의 선수액(미경과액)	(수 익)	××	선 수 수 익	××
③ 수익의 미수액(경과액)	미 수 수 익	××	(수 익)	××
④ 비용의 미지급액(경과액)	(비 용)	××	미 지 급 비 용	××

(6) 소모품의 정리

① 소모품 미사용액(재고액)	소 모 품	××	소 모 품 비	××
② 소모품 사용액(당기분)	소 모 품 비	××	소 모 품	××

(7) 현금과부족정리

① 시산표 차변 현금과부족	잡 손 실	××	현 금 과 부 족	××
② 시산표 대변 현금과부족	현 금 과 부 족	××	잡 이 익	××
③ 결산시 현금부족액	잡 손 실	××	현 금	××
④ 결산시 현금과잉액	(비 용)	××	잡 이 익	××

(8) 선급법인세 정리

선급법인세를 정리하다.	법 인 세 비 용	××	선 급 법 인 세	××

(9) 비유동부채의 유동성대체

장기차입금의 유동성대체	장 기 차 입 금	××	유 동 성 장 기 부 채	××

멘토노트

✔ [자 산] [부 채]

선 급 (비 용)	선 수 (수 익)	➔ 이연
미 수 (수 익)	미지급 (비 용)	➔ 예상

기본문제

01. 다음의 기말결산정리사항을 분개하시오. (결산일 20×1년 12월 31일)

(1) 보고기간말 보유하고 있는 당기손익금융자산의 기말 현재 장부금액과 공정가치은 다음과 같다.

구 분	장부금액	공정가치
(주)한성 주식	₩10,000,000	₩11,000,000

(2) 보고기간말 보유하고있는 당기손익금융자산 장부금액 ₩3,000,000을 공정가치 ₩2,600,000으로 평가하다.

(3) 세종은행에 대한 장기차입금 중에서 외화차입금 ₩5,500,000($5,000)이 있다. (보고기간말 현재 적용환율 : 1$당 ₩1,300)

(4) 외화외상매출금 ₩3,000,000($3,000)를 보고기간말 기준환율 1$당 ₩1,100으로 평가하다.

(5) 기말현재 사무실관련 임차료 선급액은 ₩150,000이다.

(6) (주)한국상사는 20×1년 10월 1일에 본사건물 화재보험에 가입하여 1년분 보험료(20×1년 10월 ~ 20×2년 9월) ₩1,200,000을 보험회사에 현금으로 지급하였다. (월할계산 할 것)

(7) (주)전산패션은 본사 건물 중 일부를 임대해주고 있는데, 20×1년 4월 1일에 건물임대에 대한 1년분 임대료를 현금으로 받았다. 월 임대료는₩1,000,000이다.

(8) 사무실 임대료 미수액이 ₩60,000 있다.

(9) 보고기간말 현재까지 대여금에 대하여 이자가 발생되었으나 미수된 이자 ₩520,000을 계상한다.

(10) 전산장비 임차료 ₩900,000이 기말현재 미지급이다.

NO	차변과목	금 액	대변과목	금 액
(1)				
(2)				
(3)				
(4)				
(5)				
(6)				
(7)				
(8)				
(9)				
(10)				

01. 다음의 계정과목 중 수정분개의 결과로 생기는 것이 아닌 것은?

① 선급이자　② 미지급수수료
③ 선수이자　④ 차입금

02. 서울(주)은 20×1년 중 보험료 ₩1,000,000을 현금으로 지급했다. 이중에서 20×2년에 해당하는 보험료가 ₩300,000이다. 보험료 지출 시 자산으로 처리하는 방법으로 사용하였을 때 20×1년 결산 시점에 대변에 기록하는 계정과목과 금액으로 옳은 것은?

① 보험료 ₩300,000　② 선급보험료 ₩300,000
③ 보험료 ₩700,000　④ 선급보험료 ₩700,000

03. (주)신한은 20×1년 8월 1일에 화재보험에 가입하면서 1년분 (20×1.8.1 ~ 20×2.7.31) 보험료 ₩2,400,000을 현금으로 지급하였다. (지급시 전액비용처리함) 이 경우 (주)신한의 20×1년 12월 말 결산시 수행할 결산수정분개로 알맞은 것은?(단, 보험료는 월할 계산)

①	(차)	보험료	2,400,000	(대)	현금	2,400,000
②	(차)	선급보험료	1,200,000	(대)	현금	1,200,000
③	(차)	선급보험료	1,400,000	(대)	보험료	1,400,000
④	(차)	보험료	1,200,000	(대)	선급보험료	1,200,000

04. 12월말결산 법인인 (주)한국은 9월 1일 처음으로 소모품을 ₩2,000,000 구입하여 전액 자산으로 처리하였다. 당기에 사용된 소모품은 ₩1,700,000이었다. 12월 31일 결산시 다음 중 어떤 수정분개를 해야 하는가?

①	(차)	현금	300,000	(대)	소모품	300,000
②	(차)	소모품	300,000	(대)	현금	300,000
③	(차)	소모품	2,000,000	(대)	소모품비	2,000,000
④	(차)	소모품비	1,700,000	(대)	소모품	1,700,000

정리 NOTE

15

회계의 원칙

1. 재무제표 작성과 표시의 일반목적
2. 재무제표 요소의 인식
3. 재무제표 요소의 측정
4. 재무보고의 기본가정

15 section 회계의 원칙

1. 재무제표 작성과 표시의 일반목적

(1) 공정한 표시와 한국채택국제회계기준의 준수

① 재무제표는 기업의 재무상태, 재무성과 및 현금흐름을 공정하게 표시해야 한다.

② 한국채택국제회계기준을 준수하여 재무제표를 작성하는 기업은 그러한 준수 사실을 주석에 명시적이고 제한없이 기재한다.

③ 한국채택국제회계기준을 준수하여 작성된 재무제표는 국제회계기준을 준수하여 작성된 재무제표임을 주석으로 공시할 수 있다.

(2) 계속기업

경영진은 재무제표를 작성할 때 계속기업으로서의 존속가능성을 평가해야 한다.

(3) 발생기준 회계

기업은 현금흐름 정보를 제외하고는 발생기준 회계를 사용하여 재무제표를 작성한다.

(4) 중요성과 통합표시

유사한 항목은 중요성 분류에 따라 재무제표에 구분하여 표시한다. 상이한 성격이나 기능을 가진 항목은 구분하여 표시한다. 다만 중요하지 않은 항목은 성격이나 기능이 유사한 항목과 통합하여 표시할 수 있다.

(5) 상계

한국채택국제회계기준에서 요구하거나 허용하지 않는 한 자산과 부채 그리고 수익과 비용은 상계하지 아니한다.

(6) 보고빈도

전체 재무제표(비교정보를 포함)는 적어도 1년마다 작성한다.

(7) 비교정보

한국채택국제회계기준이 달리 허용하거나 요구하는 경우를 제외하고는 당기 재무제표에 보고되는 모든 금액에 대해 전기 비교정보를 공시한다.

(8) 표시의 계속성

재무제표 항목의 표시와 분류는 매기 동일하여야 한다.

(9) 재무제표의 식별

① 재무제표는 동일한 문서에 포함되어 함께 공표되는 그 밖의 정보와 명확하게 구분되고 식별되어야 한다.

② 각 재무제표와 주석은 명확하게 식별되어야 한다.

재무제표의 명칭과 함께 기재하는 내용
① 회사명
② 보고기간종료일 또는 회계기간
③ 보고통화 및 금액단위

2. 재무제표 요소의 인식

인식은 재무제표 요소의 정의에 부합하고, 다음 기준을 모두 충족한다면 재무제표에 인식되어야 한다. 그 항목과 관련된 미래경제적효익이 기업에 유입되거나 기업으로부터 유출될 가능성이 높고, 그 항목의 원가 또는 가치를 신뢰성 있게 측정할 수 있다.

(1) 자산의 인식

자산은 미래경제적효익이 기업에 유입될 가능성이 높고 해당 항목의 원가 또는 가치를 신뢰성 있게 측정할 수 있을 때 재무상태표에 인식한다.

(2) 부채의 인식

부채는 현재 의무의 이행에 따라 경제적효익을 갖는 자원의 유출 가능성이 높고 결제될 금액에 대해 신뢰성 있게 측정할 수 있을 때 재무상태표에 인식한다.

(3) 수익의 인식

수익은 자산의 증가나 부채의 감소와 관련하여 미래경제적효익이 증가하고 이를 신뢰성 있게 측정할 수 있을 때 포괄손익계산서에 인식한다.

(4) 비용의 인식

비용은 자산의 감소나 부채의 증가와 관련하여 미래경제적효익이 감소하고 이를 신뢰성 있게 측정할 수 있을 때 포괄손익계산서에 인식한다.

3. 재무제표 요소의 측정

요소의 측정. 측정은 재무상태표와 포괄손익계산서에 인식되고 평가되어야 할 재무제표 요소의 화폐금액을 결정하는 과정이다. 측정기준의 예는 다음과 같다.

(1) 역사적 원가

자산은 취득의 대가로 취득 당시에 지급한 현금 또는 현금성자산이나 그 밖의 대가의 공정가치로 기록한다. 부채는 부담하는 의무의 대가로 수취한 금액으로 기록한다.

(2) 현행원가

자산은 동일하거나 또는 동등한 자산을 현재시점에서 취득할 경우에 그 대가로 지불하여야 할 현금이나 현금성자산의 금액으로 평가한다. 부채는 현재시점에서 그 의무를 이행하는 데 필요한 현금이나 현금성자산의 할인하지 아니한 금액으로 평가한다.

(3) 실현가능(이행)가치

자산은 정상적으로 처분하는 경우 수취할 것으로 예상되는 현금이나 현금성자산의 금액으로 평가한다. 부채는 이행가치로 평가하는 데 이는 정상적인 영업과정에서 부채를 상환하기 위해 지급될 것으로 예상되는 현금이나 현금성자산의 할인하지 아니한 금액으로 평가한다.

(4) 현재가치

자산은 정상적인 영업과정에서 그 자산이 창출할 것으로 기대되는 미래 순현금유입액의 현재할인가치로 평가한다. 부채는 정상적인 영업과정에서 그 부채를 상환할 때 필요할 것으로 예상되는 미래 순현금유출액의 현재할인가치로 평가한다.

4. 재무보고의 기본가정

재무제표를 작성·공시하는데 있어 기초가 되는 것으로 기업실체를 둘러싼 환경으로부터 도출된 것으로 계속기업의 가정을 유일한 기본가정으로 규정하고 있다.

(1) 계속기업

재무제표는 일반적으로 기업이 계속기업이며 예상 가능한 기간 동안 영업을 계속할 것이라는 가정하에 작성된다. 따라서 기업은 그 경영활동을 청산하거나 중요하게 축소할 의도나 필요성을 갖고 있지 않다는 가정을 적용하며, 만약 이러한 의도나 필요성이 있다면 재무제표는 계속기업을 가정한 기준과는 다른 기준을 적용하여 작성하는 것이 타당할 수 있으며 이때 적용한 기준은 별도로 공시하여야 한다.

멘토노트

✔ **재무보고의 기본가정** : 계속기업

01. (   )안에 알맞은 말을 보기에서 골라 넣으시오.

보기 :	① 발생기준	② 경영진	③ 상계	④ 1년
	⑤ 실현기준	⑥ 2년	⑦ 계속기업	⑧ 중단기업

(1) 경영진은 재무제표를 작성할 때 (   )으로서의 존속가능성을 평가해야 한다.

(2) 전체 재무제표(비교정보를 포함)는 적어도 (   )마다 작성한다.

(3) 기업은 현금흐름 정보를 제외하고는 (   ) 회계를 사용하여 재무제표를 작성한다.

(4) 한국채택국제회계기준에서 요구하거나 허용하지 않는 한 자산과 부채 그리고 수익과 비용은 (   )하지 아니한다.

02. 다음 (   )안에 알맞은 용어를 써 넣으시오.

(1) 재무보고의 유일한 기본가정은 (   )의 가정 이다.

(2) 자산은 취득의 대가로 취득 당시에 지급한 현금 또는 현금성자산이나 그 밖의 대가의 공정가치로 기록하는 것은 (   )로 측정한 것이다.

(3) 부채는 현재시점에서 그 의무를 이행하는 데 필요한 현금이나 현금성자산의 할인하지 아니한 금액으로 평가하는 것은 (   )로 측정한 것이다.

01. (주)한국은 10년 전 20억원에 취득한 토지를 당해 연도 말의 시가가 100억원으로 상승하였는데 재무상태표에 계속해서 20억원으로 기록하고 있다. (주)한국은 다음의 측정기준 중 어느 것에 따르고 있는 것인가?

① 역사적 원가
② 실현가능가치
③ 현재가치
④ 현행원가

02. 다음의 회계의 기본가정에 구체적 유용성이 아닌 것은?

계속기업의 가정은 "기업은 무한한 생명력을 가지고 영속적으로 존재하며 그 기업의 활동도 영구히 계속된다." 는 가정이다.

① 투자자들이 안심하고 투자할 수 있는 여건을 마련해 준다.
② 자산의 평가와 감가상각 계산의 근거를 마련해준다.
③ 기업의 미래에 대한 예측력을 발휘할 수 있는 근거가 된다.
④ 연결재무제표 작성의 근거가 된다.

03. 미래에 받을 현금을 현가로 환산해서 재무제표에 표시하는 것은 어느 회계공준과 관련이 있나?

① 기업실체의 공준
② 계속기업의 공준
③ 회계기간의 공준
④ 화폐가치 안정의 공준

04. 자산의 평가 또는 비유동자산의 감가상각누계액의 설정 등을 인식하는 회계가정은?

① 계속기업의 가정
② 기업실체의 가정
③ 화폐측정단위의 가정
④ 기간별보고의 가정

05. 재무제표는 일반적으로 기업이 장기간 존속하며, 예상 가능한 기간 동안 영업을 계속할 것이라는 가정 하에 작성한다. 재무제표의 기본가정 중 무엇이라 하는가?

① 발생기준의 공준　　② 기업실체의 공준
③ 계속기업의 공준　　④ 기간별 보고의 공준

06. 다음 중 서로 관련이 없는 것을 고른다면?

① 경제실체의 전제 - 회계보고의 범위
② 역사적 원가주의 - 검증가증성
③ 원가법 - 신뢰성
④ 기간별보고의 전제 - 수익비용대응의 원칙

07. 다음의 물음 중 서로 관련이 없는 것을 고른다면?

① 경제실체의 전제 - 회계보고의 범위
② 역사적 원가주의 - 검증가능성
③ 원가법 - 충실한 표현
④ 반기 재무제표 작성 - 수익비용대응의 원칙

08. 회계행위를 할 때 준수하지 않으면 안 될 행위의 지침으로서, 사회에 있어서 기업의 회계실무를 이끌어가는 지도원리에 해당하는 것은?

① 회계공준　　② 회계관습
③ 회계기준　　④ 회계절차

09. 재무제표의 작성에 대한 1차적 책임을 지는 자로 옳은 것은?

① 주주　　② 경영진
③ 회계담당자　　④ 정부기관

16

재무제표

1. 재무상태표
2. 포괄손익계산서
3. 현금흐름표
4. 자본변동표
5. 주석

section

16 재무제표

기업회계기준서에서 정하고 있는 재무제표는 기말 재무상태표, 기간 포괄손익계산서, 기간 현금흐름표, 기간 자본변동표에 주석(유의적인 회계정책의 요약 및 그 밖의 설명으로 구성)을 포함한다.

1. 재무상태표

(1) 재무상태표의 뜻

재무상태표는 일정시점 현재 기업이 보유하고 있는 경제적 자원인 자산과 경제적의무인 부채, 그리고 자본에 대한 정보를 제공하는 재무보고서로서, 정보이용자들이 기업의 유동성, 재무적 탄력성, 수익성과 위험 등을 평가하는데 유용한 정보를 제공한다.

(2) 자산·부채·자본의 분류

[자 산]

- 유 동 자 산
  - •현금 및 현금성자산 : 현금, 당좌예금, 보통예금, 현금성자산
  - •매출채권 및 기타채권 : 외상매출금, 받을어음, 단기대여금, 미수금
  - •기타단기금융자산 : 단기금융상품, 당기손익금융자산
  - •재고자산 : 상품, 저장품(소모품), 원재료, 재공품, 반제품, 제품
  - •기타유동자산 : 선급금, 선급비용, 미수수익
- 비유동자산
  - •대여금 및 수취채권 : 장기대여금, 장기미수금
  - •기타장기금융자산 : 기타포괄손익금융자산, 상각후원가금융자산
  - •투자부동산
  - •유형자산 : 토지, 건물, 기계장치, 비품, 차량운반구, 건설중인자산, 선박, 공구기구
  - •무형자산 : 영업권, 산업재산권(특허권, 실용신안권, 의장권, 상표권), 광업권, 어업권, 차지권, 저작권, 개발비, 라이선스와 프랜차이즈, 컴퓨터소프트웨어, 임차권리금
  - •기타비유동자산 : 임차보증금, 장기선급금

[부 채]

- 유동부채
  - 매입채무 : 외상매입금, 지급어음
  - 기타단기금융부채 : 단기차입금, 미지급금, 예수금, 미지급법인세
  - 충당부채 : 제품보증충당부채, 경품충당부채
  - 기타유동부채 : 선수금, 미지급비용, 선수수익
- 비유동부채
  - 금융장기부채 : 장기차입금, 장기미지급금
  - 퇴직급여부채
  - 기타비유동부채 : 사채, 장기선수금, 임대보증금

[자 본]

- 자본금 : 보통주자본금, 우선주자본금
- 자본잉여금 : 주식발행초과금, 감자차익, 자기주식처분이익
- 자본조정 : 주식할인발행차금, 감자차손 및 자기주식처분손실, 자기주식, 신주청약증거금, 주식매수선택권, 출자전환채무
- 기타포괄손익누계액 : 기타포괄손익금융자산평가손익, 해외사업환산손익, 재평가잉여금, 현금흐름위험회피 파생상품평가손익, 확정급여제도의 보험수리적손익
- 이익잉여금
  - 법정적립금(이익준비금)
  - 임의적립금
    - 적극적적립금 : 사업확장적립금, 감채적립금
    - 소극적적립금 : 배당평균적립금, 퇴직급여적립금, 결손보전적립금, 별도적립금
  - 미처분이익잉여금(전기이월미처분이익잉여금, 당기순이익)

재무상태표의 자본표시

① 납입자본 : 자본금, 주식발행초과금
② 이익잉여금 : 법정적립금, 임의적립금, 미처분이익잉여금
③ 기타자본구성요소 : 기타자본잉여금, 자본조정, 기타포괄손익누계액

평가계정 : 재고자산평가충당금, 감가상각누계액, 손상차손누계액, 상품권할인액, 사채할인발행차금, 사채할증발행차금

재무상태표 항목 표시	
자 산	**부 채**
유형자산	매입채무 및 기타채무
투자부동산	충당부채
무형자산	금융부채
금융자산	이연법인세부채
지분법에 따라 회계처리하는 투자자산	매각예정 처분자산집단에 포함된 부채
생물자산	**자 본**
재고자산	납입자본
매출채권 및 기타채권	이익잉여금
현금 및 현금성자산	기타자본구성요소
매각예정 자산 등의 총계	비지배지분
이연법인세자산	

Tip 일반기업회계기준에 의한 보고식 재무상태표 양식

재 무 상 태 표

회사명

제×기 20××년 ×월×일 현재
제×기 20××년 ×월×일 현재

(단위 : 원)

과 목	당 기		전 기	
자 산				
유 동 자 산		40		(전기분생략)
당 좌 자 산		20		
재 고 자 산		20		
비 유 동 자 산		60		
투 자 자 산		20		
유 형 자 산		20		
무 형 자 산		10		
기 타 비 유 동 자 산		10		
자 산 총 계		100		
부 채				
유 동 부 채		20		
비 유 동 부 채		30		
부 채 총 계		50		
자 본				
자 본 금		10		
자 본 잉 여 금		10		
자 본 조 정		10		
기 타 포 괄 손 익 누 계 액		10		
이 익 잉 여 금		10		
자 본 총 계		50		
부 채 및 자 본 총 계		100		

2. 포괄손익계산서

(1) 포괄손익계산서의 목적

포괄손익계산서는 일정 기간 동안 기업의 재무성과(경영성과)에 대한 정보를 제공하는 재무보고서이다. 포괄손익계산서는 당해 회계기간의 재무성과(경영성과)를 나타낼 뿐만 아니라 기업의 미래현금흐름과 수익창출능력 등의 예측에 유용한 정보를 제공한다.

(2) 수익과 비용의 총액표시

수익과 비용은 각각 총액으로 보고하는 것을 원칙으로 한다. 그리고 동일 또는 유사한 거래나 회계사건에서 발생한 차익, 차손 등은 총액으로 표시하지만 중요하지 않은 경우에는 관련 차익과 차손 등을 상계하여 표시할 수 있다.

(3) 수익과 비용 항목의 표시

해당 기간에 인식한 모든 수익과 비용 항목은 다음 중 한 가지 방법으로 표시한다.

① 단일 포괄손익계산서

② 두 개의 보고서

당기순손익의 구성요소를 표시하는 보고서(별개의 손익계산서)와 당기순손익에서 시작하여 기타포괄손익의 구성요소를 표시하는 보고서(포괄손익계산서)

단일의 포괄손익계산서

수익	×××
비용	(×××)
당기순손익	×××
기타포괄손익	×××
총포괄손익	×××

두 개의 보고서

손익계산서

수익	×××
비용	(×××)
당기순손익	×××

포괄손익계산서

당기순손익	×××
기타포괄손익	×××
총포괄손익	×××

(4) 수익과 비용의 분류

[수 익]

매 출 액	매출
기 타 수 익	수수료수익, 로열티수익, 보험차익, 외환차익, 당기손익금융자산처분이익, 당기손익금융자산평가이익, 유형자산처분이익, 사채상환이익, 외화환산이익, 자산수증이익, 채무면제이익, 잡이익, 임대료
금 융 수 익	이자수익, 배당금수익

[비 용]

① 기능별 분류

매출원가, 물류원가, 관리비, 기타비용, 금융원가, 법인세비용

② 성격별 분류

상품의 변동, 상품매입액, 종업원급여비용, 감가상각비와 기타상각비, 기타비용

㉠ 매출원가	기초상품재고액 + 당기매입액 − 기말상품재고액
㉡ 판매비(물류원가)와 관리비	운반비, 보관료, 광고선전비, 급여, 퇴직급여, 통신비, 접대비, 연구비, 소모품비, 여비교통비, 수도광열비, 복리후생비, 차량유지비, 도서인쇄비, 경상개발비, 감가상각비, 대손상각비, 무형자산상각비, 세금과공과, 임차료, 보험료, 명예퇴직금
㉢ 기타비용	수수료비용, 외환차손, 외화환산손실, 당기손익금융자산처분손실, 당기손익금융자산평가손실, 유형자산처분손실, 재고자산감모손실, 재고자산평가손실, 사채상환손실, 재해손실, 잡손실, 기부금
㉣ 금융원가	이자비용
㉤ 법인세비용	법인세

(5) 포괄손익계산서 구조(중단사업손익이 없을 경우)

① 기능별 분류(매출원가법)에 의한 포괄손익계산서

포 괄 손 익 계 산 서

회사명 제×기 20×2년 1월 1일부터 20×2년 12월 31일까지 (단위 : 원)
제×기 20×1년 1월 1일부터 20×1년 12월 31일까지

과목	20×2년	20×1년
수익(매출액)	×××	×××
매출원가	(×××)	(×××)
매출총이익	×××	×××
판매비와관리비	(×××)	(×××)
영업이익	×××	×××
기타수익	×××	×××
기타비용	(×××)	(×××)
금융수익	×××	×××
금융원가	(×××)	(×××)
법인세비용차감전순이익	×××	×××
법인세비용	(×××)	(×××)
당기순이익	×××	×××
주당이익	×××	×××

② 성격별 분류에 의한 포괄손익계산서

포 괄 손 익 계 산 서

회사명 제×기 20×2년 1월 1일부터 20×2년 12월 31일까지 (단위 : 원)
제×기 20×1년 1월 1일부터 20×1년 12월 31일까지

과목	20×2년	20×1년
수익(매출액)	×××	×××
상품의변동	(×××)	(×××)
상품매입액	(×××)	(×××)
종업원급여	(×××)	(×××)
감가상각비와 기타상각비	(×××)	(×××)
기타의 영업비용	(×××)	(×××)
영업이익	×××	×××
기타수익	×××	×××
기타비용	(×××)	(×××)
금융수익	×××	×××
금융원가	(×××)	(×××)
법인세비용차감전순이익	×××	×××
법인세비용	(×××)	(×××)
당기순이익	×××	×××
주당이익	×××	×××

Tip 일반기업회계기준에 의한 손익계산서 양식(중단사업손익이 없는 경우)

손익계산서

회사명 제×기 20××년×월×일부터 20××년×월×일까지 (단위 : 원)
제×기 20××년×월×일부터 20××년×월×일까지

과목	당기		전기	
매출액		200		(전기분생략)
매출원가		140		
기초상품재고액	10			
당기상품매입액	150			
기말상품재고액	(20)			
매출총이익		60		
판매비와관리비		30		
영업이익		30		
영업외수익		20		
영업외비용		30		
법인세비용차감전순이익		20		
법인세비용		10		
당기순이익		10		
주당이익		××		

3. 현금흐름표

(1) 현금흐름표 뜻

현금흐름표는 기업의 현금 흐름을 나타내는 재무보고서로서 재무상태표, 포괄손익계산서가 작성된 이후에 재무제표와 기타자료를 종합분석하여 현금 및 현금성자산의 증가 또는 감소 내역을 일정기간의 영업활동, 투자활동, 재무활동의 현금 흐름으로 분류하여 표시하는 재무보고서이다. 보고기간말 현재 현금의유동성 확보를 위한 기중의 거래별 내역을 알 수 있게 하며, 보고기간말 현재 기업의 자금동원능력을 평가할 수 있는 자료를 제공해 준다.

현 금 흐 름 표

(주) 대명　　　20×1년 1월 1일 ~ 20×1년 12월 31일　　　단위 : 원

과　목	금　액	
영업활동으로 인한 현금흐름		××
(직접법 또는 간접법에 의하여 표시)	×× (××)	
투자활동으로 인한 현금흐름		××
투자활동으로 인한 현금유입액	××	
투자활동으로 인한 현금유출액	(××)	
재무활동으로 인한 현금흐름		××
재무활동으로 인한 현금유입액	××	
재무활동으로 인한 현금유출액	(××)	
현금의 증가(감소)		××
기초의 현금		××
기말의 현금		××

(2) 현금흐름표 작성방법

① **직접법** : 고객으로부터 유입된 현금, 공급자에 대한 현금유출, 종업원에 대한 현금유출, 기타수익 현금유입, 기타비용 현금유출 등으로 구분하여 각 금액을 산출하는 방법이다.

② **간접법** : 포괄손익계산서의 당기순이익에 현금유출과 현금유입이 없는 손익과 투자 및 재무활동 관련손익, 영업활동관련자산 및 부채의 변동을 가감하여 영업활동 현금흐름을 계산하는 방법이다.

Ⅰ. 영업 활동으로 인한 현금 흐름 (간접법)	
1. 당기순이익	×××
2. 현금의 유출이 없는 비용 등의 가산	(+) ×××
(감가상각비, 대손상각비, 퇴직급여, 당기손익금융자산평가손실, 당기손익금융자산처분손실)	
3. 현금의 유입이 없는 수익 등의 차감	(−) ×××
(당기손익금융자산평가이익, 당기손익금융자산처분이익, 대손충당금환입)	
4. 영업 활동으로 인한 자산·부채의 변동	
(1) 영업활동과 관련된 자산의 증가	(−) ×××
(매출채권, 재고자산, 선급금, 선급비용, 미수수익)	
(2) 영업활동과 관련된 자산의 감소	(+) ×××
(매출채권, 재고자산, 선급금, 선급비용, 미수수익)	
(3) 영업활동과 관련된 부채의 증가	(+) ×××
(매입채무, 선수금, 선수수익, 미지급법인세)	
(4) 영업활동과 관련된 부채의 감소	(−) ×××
(매입채무, 선수금, 선수수익, 미지급법인세)	

(3) 현금흐름의 구분

① **영업활동** : 매입, 급여지급, 이자지급, 법인세비용지급
매출, 이자수익, 배당금수입, 당기손익금융자산 취득과 처분

② **투자활동** : 현금의 대여와 회수
투자부동산, 유형자산, 무형자산의 취득과 처분

③ **재무활동** : 현금의 차입과 상환
어음, 사채, 주식발행
배당금지급

4. 자본변동표

자본변동표는 자본의 크기와 그 변동에 관한 정보를 제공하는 재무보고서로서, 자본을 구성하고 있는 자본금, 자본잉여금, 자본조정, 기타포괄손익누계액, 이익잉여금(또는 결손금)의 변동에 대한 포괄적인 정보를 소유주의 투자와 소유주에 대한 분배라는 기본요소로 제공된다.

자 본 변 동 표

○○회사 　　　　20×1년 1월 1일 ~ 20×1년 12월 31일 　　　　(단위 : 원)

구 분	자본금	자본잉여금	자본조정	기타포괄손익누계액	이익잉여금	총 계
20×1. 1. 1.	××	××	××	××	××	××
회계정책변경누적효과					××	××
전기오류수정					××	××
수정후이익잉여금					××	××
연차배당					(××)	(××)
기타이익잉여금처분액					(××)	(××)
처분후이익잉여금					××	××
중간배당					(××)	(××)
유상증자(감자)	××	××				××
당기순이익(손실)						××
자기주식취득			(××)			(××)
기타포괄손익금융자산평가손익등				(××)		(××)
20×1년 12월 31일	××	××	××	××	××	××

5. 주석

재무제표 작성기준 및 중요한 거래와 회계사건의 회계처리에 적용한 회계정책, K-IFRS에서 주석공시를 요구한 사항, 재무상태표, 포괄손익계산서, 현금흐름표 및 자본변동표의 본문에 표시되지 않는 사항으로서 재무제표를 이해하는데 필요한 추가 정보를 제공한다.

멘토노트

✔ **영업활동 현금흐름(간접법)**

당기순이익		××
현금유출이 없는 비용	(+)	××
현금유입이 없는 수익	(−)	××
자산감소, 부채증가	(+)	××
자산증가, 부채감소	(−)	××

01. (　　　)안에 알맞은 말을 써 넣으시오.

(1) K-IFRS에서는 재무제표의 종류를 ① (　　　　　　), ② (　　　　　　), ③ (　　　　　　) ④ (　　　　　　)에 ⑤ (　　　　　　)을 포함한다.

(2) 재무상태표의 기본구성 요소는 자산, (　　　　　　), (　　　　　　)이다.

(3) 포괄손익계산서의 기본구성 요소는 (　　　　　　), (　　　　　　), 순손익이다.

(4) 현금흐름표의 기본구성 요소는 (　　　　　　), 투자활동, (　　　　　　)으로 구분한다.

(5) 자본변동표의 기본구성요소는 소유주의 (　　　　　　)와 소유주에 대한 (　　　　　　) 라는 요소로 제공된다.

02. 다음 자료를 이용하여 포괄손익계산서를 작성하시오.

매출액	₩300,000	기초상품재고액	₩50,000	당기매입액	₩200,000
기말상품재고액	40,000	이자수익	20,000	임대료	10,000
급여	20,000	감가상각비	7,000	운반비	12,000
보관비	13,000	접대비	3,000	복리후생비	15,000
기부금	5,000	이자비용	30,000	법인세비용	5,000

◈ 보통주 주식수는 10주

(1) 기능별 분류

포괄손익계산서

과목	금액
수익(매출액)	
매출원가	
매출총이익	
판매비와관리비	
영업이익	
기타수익	
기타비용	
금융수익	
금융원가	
법인세비용차감전순이익	
법인세비용	
당기순이익	
주당이익	

(2) 성격별 분류

포괄손익계산서

과목	금액
수익(매출액)	
상품의 변동	
상품매입액	
종업원급여	
감가상각비와 기타상각비	
기타의 영업비용	
영업이익	
기타수익	
기타비용	
금융수익	
금융원가	
법인세비용차감전순이익	
법인세비용	
당기순이익	
주당이익	

Tip

- 상품의 변동 : 상품이 증가하면 (+)가되고, 상품이 감소하면 (−)가 된다.
- 상품매입액과 상품의 변동 합계액은 매출원가와 일치해야 한다.
- 금융수익(이자수익, 배당금수익), 금융원가(이자비용)
- 당기순이익 ÷ 보통주 주식수 = 주당이익

03. 다음 자료를 이용하여 재무상태표를 작성하시오.

현금	₩270,000	외상매출금	₩150,000	당기손익인식금융자산	₩100,000
상품	200,000	선급금	30,000	투자부동산	200,000
건물	33,000	영업권	20,000	외상매입금	150,000
단기차입금	120,000	미지급비용	100,000	장기차입금	110,000
대손충당금	3,000	자본금	300,000	주식발행초과금	20,000
이익잉여금	200,000				

재무상태표

회사명 　제×기 20×2년 12월 31일 현재
　　　　제×기 20×1년 12월 31일 현재 　(단위 : 원)

과 목	20×2년 12월 31일	20×1년 12월 31일
자산		
유동자산		
현금및현금성자산	( )	
매출채권및기타채권	( )	전기분생략
기타금융자산	( )	
재고자산	( )	
기타자산	( )	
유동자산계	( )	
비유동자산		
투자부동산	( )	
유형자산	( )	
무형자산	( )	
비유동자산계	( )	
자산총계	( )	
부채		
유동부채		
매입채무	( )	
기타금융부채	( )	
기타부채	( )	
유동부채계	( )	
비유동부채		
금융부채	( )	
비유동부채계	( )	
부채총계	( )	
자본		
납입자본	( )	
이익잉여금	( )	
자본총계	( )	
부채및자본총계	( )	

검정문제

01. 다음 중 재무제표의 종류에 해당되지 않는 것은?

① 재무상태표 ② 자본변동표
③ 현금흐름표 ④ 이익잉여금처분계산서

02. 다음 재무제표의 관한 설명 중 잘못된 것은?

① 재무제표는 경영진의 수탁책임이나 기업의 경영성과를 보여준다.
② 동일한 금액이라도 총자산이나 매출액의 규모에 따라 중요성의 정도가 달라질 수 있다.
③ 발생주의를 적용할 경우 재무제표에 표시되는 수익은 현금으로 회수한 금액만을 기록하여야 한다.
④ 재무제표는 정보이용자의 의사결정에 유용한 기업의 재무상태성과와 재무상태변동에 관한 정보를 제공한다.

03. 다음 중 재무제표 보고양식에 대한 설명 중 틀린 것은?

① 재무제표는 간단하고 명료하게 표시하여야 한다.
② 재무제표는 이용자에게 오해를 줄 염려가 없는 경우는 금액을 천원이나 백만원 단위 등으로 표시할 수 있다.
③ 재무제표는 재무상태표, 포괄손익계산서, 현금흐름표, 자본변동표 및 주석으로 구분하여 작성한다.
④ 재무제표에 보고기간종료일 또는 회계기간은 생략할 수 있다.

04. 다음 중 주식할인발행차금을 표시하는 재무제표는?

① 현금흐름표 ② 포괄손익계산서
③ 이익잉여금처분계산서 ④ 재무상태표

05. 재무상태표 작성 시 구분표시에 의할 경우 다음 중 성격이 다른 하나는?

① 토지 ② 건물
③ 산업재산권 ④ 건설중인자산

06. 다음 중 재무상태표의 계정과목으로 연결이 잘못된 것은?

① 임차보증금 - 무형자산
② 장기충당부채 - 비유동부채
③ 기타포괄손익금융자산평가이익 - 기타포괄손익누계액
④ 프랜차이즈 - 무형자산

07. 다음 중 재무제표의 계정과목으로 연결이 잘못된 것은?

① 보증금 - 무형자산
② 장기성매입채무 - 비유동부채
③ 기타포괄손익금융자산평가이익 - 기타포괄손익누계액
④ 저장품 - 재고자산

08. 다음 재무제표 계정과목과의 연결이 잘못된 것은?

① 유동성장기부채 - 유동부채
② 장기선수수익 - 비유동부채
③ 건설중인자산 - 유형자산
④ 자기주식 - 투자부동산

09. 자산의 정의와 측정기준에 대한 다음의 설명 중 옳지 않은 것은?

① 특정 실체에 영향을 미치는 거래나 사건이 자산으로 분류되기 위해서는 미래 경제적 효익이 있어야 한다.
② 자산은 반드시 물리적 형태를 가지고 있거나 경제적인 가치가 있어야 한다.
③ 현재가치란 자산을 정상적인 영업과정에서 그 자산이 창출할 것으로 기대되는 미래 순현금유입액의 현재할인가치로 평가하는 것을 말한다.
④ 기업의 자산은 과거의 거래나 그 밖의 사건에서 창출된다.

10. 다음 중 한국채택국제회계기준 상 포괄손익계산서 계정인 것은?

① 유형자산처분이익
② 감가상각누계액
③ 건설중인자산
④ 사채할인발행차금

11. 다음 중 '재무제표 표시'에 따를 경우 포괄손익계산서에 반드시 표시되어야 할 항목에 해당하지 않는 것은?

① 당기순손익
② 법인세비용
③ 금융원가
④ 금융자산

12. 다음 자료에 의하여 판매비(물류원가)와 관리비를 계산하면 얼마인가?

접 대 비	₩20,000	잡 손 실	₩30,000	수수료수익	₩50,000
세금과공과	₩30,000	대손상각비	₩50,000		

① ₩100,000 ② ₩180,000
③ ₩130,000 ④ ₩150,000

13. 포괄손익계산서에 관한 설명으로 옳지 않은 것은?

① 보험료, 감가상각비, 세금과공과, 금융원가 등은 판매비와 관리비로 분류한다.
② 매출액에서 매출원가를 차감하여 매출총이익을 표시할 수 있다.
③ 일정기간 동안에 기업의 재무성과를 내타내는 회계 보고서이다.
④ 총포괄손익은 당기순손익과 기타포괄손익의 모든 구성요소를 포함한다.

14. 다음 중 포괄손익계산서에 대한 설명으로 올바르지 않은 것은?

① 일정기간 동안 기업의 재무성과에 대한 정보를 제공한다.
② 포괄손익계산서 또는 주석에 특별손익항목을 표시할 수 있다.
③ 기본주당이익과 희석주당이익은 포괄손익계산서에 표시한다.
④ 재무성과 구성요소를 설명하는데 필요한 경우 추가항목을 포괄손익계산서에 포함하고 사용된 용어와 항목의 배열을 수정한다.

15. 다음은 포괄손익계산서의 기본요소 및 표시방법에 대한 설명이다. 옳지 않은 것은?

① 총포괄손익은 회계기간 동안 발생한 모든 거래에서 인식한 자본의 변동을 말한다.
② 포괄손익계산서는 성격별 표시방법과 기능별 표시방법을 선택하여 표시할 수 있다.
③ 수익과 비용의 어느 항목도 포괄손익계산서 또는 주석에 특별 손익 항목으로 표시할 수 없다.
④ 수익이란 자산의 유입이나 증가 또는 부채의 감소에 따른 자본의 증가를 말하며 지분참여자의 출연과 관련된 것을 제외한다.

16. 다음은 포괄손익계산서에 대한 설명이다. 이 중에서 틀린 것은?

① 포괄손익계산서는 어떠한 경우에도 매출원가를 구분 표시하여야 한다.
② 한 기간에 인식되는 모든 수익과 비용 항목은 한국채택국제회계기준이 달리 정하지 않는 한 당기손익으로 인식한다.
③ 포괄손익계산서는 일정기간 동안 기업의 재무성과에 대한 정보를 제공하는 보고서이다.
④ 수익과 비용항목이 중요한 경우 그 성격과 금액을 별도로 공시한다.

17. 다음 자료에 따라 계산한 법인세비용차감전순이익은 얼마인가?

기타(영업외)수익	₩4,000
판매비(물류원가)와 관리비	₩20,000
기타(영업외)비용	₩5,000
매출액	₩350,000
매출원가	₩250,000

① ₩79,000
② ₩75,000
③ ₩84,000
④ ₩100,000

18. 다음 자료를 이용하여 포괄손익계산서산의 법인세차감전순이익을 계산한 금액으로 옳은 것은?

가. 매출액	₩1,000,000
나. 매출원가	400,000
다. 종업원급여비용	100,000
라. 감가상각비와 기타상각비	50,000
마. 유형자산손상차손	50,000
바 기타비용	30,000
사. 금융원가	20,000
아. 기타포괄손익금융자산평가손실	50,000

① ₩300,000
② ₩350,000
③ ₩370,000
④ ₩380,000

19. 다음 중 포괄손익계산서의 기타포괄손익으로 분류되지 않는 것은?

① 재평가잉여금의 변동
② 기타포괄손익금융자산평가손익
③ 해외사업장의 재무제표 환산으로 인한 외환차익
④ 투자부동산평가손익

20. 매출할인에 대한 금액을 당기 총매출액에서 차감하지 않고 기타비용으로 처리할 경우 포괄손익계산서상의 매출총이익과 당기 순이익에 미치는 영향 중 옳은 것은?

① 매출총이익 : 과대계상　　당기순이익 : 과대계상
② 매출총이익 : 과대계상　　당기순이익 : 불　　변
③ 매출총이익 : 과소계상　　당기순이익 : 불　　변
④ 매출총이익 : 과소계상　　당기순이익 : 과소계상

21. 다음은 기업의 재무상태와 재무성과에 대한 설명이다. 그 내용이 틀린 것은?

① 기업의 현금흐름에 관한 정보는 주로 포괄손익계산서를 통해 제공된다.
② 기업의 재무상태에 관한 정보는 주로 재무상태표를 통하여 제공된다.
③ 기업의 재무성과에 관한 정보는 그 기업이 장래 통제하게 될 가능성이 높은 경제적 자원의 잠재적 변동가능성을 평가하는데 유용하다.
④ 기업의 재무상태는 기업이 통제하는 자원, 재무구조 및 유동성과 지급능력 등에 영향을 받는다.

22. 일정기간의 영업활동, 투자활동, 재무활동에 의한 현금의 증감 내역을 나타내는 보고서는?

① 포괄손익계산서　② 현금출납장
③ 자본변동표　④ 현금흐름표

23. 다음 중 현금흐름표와 관련된 설명으로 옳은 것은?

① 현금흐름의 종류를 크게 영업활동과 투자활동으로 구분하여 보고한다.
② 직접법에 의한 작성과 간접법에 의한 작성 모두 투자활동으로 인한 현금흐름은 동일하다.
③ 기업의 발생주의 경영성과를 나타내는 보고서이다.
④ 직접법에 의한 작성과 간접법에 의한 작성에 있어서 영업현금흐름의 크기는 다르다.

24. 영업활동으로 인한 현금흐름을 간접법으로 이용하여 계산하는 경우, 당기순이익에 가산되는 항목이 아닌 것은?

① 건물감가상각비　② 무형자산상각비
③ 사채상환손실　④ 만기보유금융상품처분이익

25. 현금흐름표를 간접법에 의해 작성할 경우 영업활동에 의한 현금흐름계산에서 당기순이익에 가산되어 할 항목이 아닌 것은?

① 유형자산처분이익　② 감가상각비
③ 유형자산처분손실　④ 외상매입금의 증가

26. (주)한국의 회계담당자는 간접법에 의해 현금흐름표를 작성하고자 한다. 다음 중 현금흐름표를 작성할 때, 현금흐름의 분류가 다른 것은?

① 감가상각비　② 퇴직급여
③ 단기차입금의 상환　④ 사채상환이익

27. 다음 중 현금흐름의 성격이 다른 것은?

① 토지의 처분 ② 단기대여금의 회수
③ 개발비의 지급 ④ 유상감자

28. 20×1년도 (주)상공의 영업활동으로 인한 현금흐름액은?

•포괄손익계산서 상 당기순이익	₩100,000
•감가상각비	₩10,000
•유형자산처분이익	₩30,000
•매입채무의 증가	₩40,000

① 180,000 ② 160,000
③ 120,000 ④ 100,000

29. 다음 자료를 이용하여 간접법에 의해 영업활동으로 인한 현금흐름을 계산하면 얼마인가?

당기순이익	₩20,000
감가상각비	₩3,000
무형자산상각비	2,000
사채상환이익	1,500

① ₩26,500 ② ₩23,500
③ ₩16,500 ④ ₩13,500

30. 다음은 20×2년도 (주)상공의 현금흐름표 작성을 위한 기초자료이다. 영업활동으로 인한 현금흐름액을 간접법으로 계산하면?

– 포괄손익계산서 자료
당기순이익 ₩200,000 감가상각비 ₩50,000

– 재무상태표 자료

	20×1년 1월 1일	20×2년 12월 31일
매출채권	₩140,000	₩150,000
미지급급여	30,000	18,000

① ₩198,000 ② ₩228,000
③ ₩248,000 ④ ₩272,000

정리 NOTE

17

재무보고를 위한 개념체계

1. 개념체계의 위상
2. 개념체계의 목적
3. 일반목적재무보고의 목적
4. 유용한 재무정보의 질적 특성

17 section 재무보고를 위한 개념체계

1. 개념체계의 위상

이 개념체계는 외부 이용자를 위한 재무보고의 기초가 되는 개념을 정립한다. 이 개념체계는 한국채택국제회계기준이 아니므로 특정한 측정과 공시 문제에 관한 기준을 정하지 아니하며, 이 개념체계는 어떠한 특정 한국채택국제회계기준에 우선하지 아니한다.

2. 개념체계의 목적

① 한국회계기준위원회(이하 '회계기준위원회'라 한다)가 향후 새로운 한국채택국제회계기준을 제정하고 기존의 한국채택국제회계기준의 개정을 검토할 때에 도움을 준다.

② 한국채택국제회계기준에서 허용하고 있는 대체적인 회계처리방법의 수를 축소하기 위한 근거를 제공하여 회계기준위원회가 재무제표의 표시와 관련되는 법규, 회계기준 및 절차의 조화를 촉진시킬 수 있도록 도움을 준다.

③ 재무제표의 작성자가 한국채택국제회계기준을 적용하고 한국채택국제회계기준이 미비한 주제에 대한 회계처리를 하는 데 도움을 준다.

④ 재무제표가 한국채택국제회계기준을 따르고 있는지에 대해 감사인이 의견을 형성하는 데 도움을 준다.

⑤ 한국채택국제회계기준에 따라 작성된 재무제표에 포함된 정보를 재무제표의 이용자가 해석하는 데 도움을 준다.

⑥ 회계기준위원회의 업무활동에 관심 있는 이해관계자에게 한국채택국제회계기준을 제정하는 데 사용한 접근방법에 대한 정보를 제공한다.

3. 일반목적재무보고의 목적

재무보고의 일반목적은 현재 및 잠재적 투자자, 대여자 및 기타 채권자가 기업에 자원을 제공하는 것에 대한 의사결정을 할 때 유용한 보고기업 재무정보를 제공하는 것이다.

① 다양한 이해관계자에게 경제적 의사결정을 위한 재무적 정보를 제공하는 것이다.

② 재무제표를 포괄하는 광범위한 개념으로 사업계획서를 포함한다.

③ 비재무적정보로 주석이외의 공지사항, 경영진의 예측 등을 포함한다.

④ 재무보고는 법적으로 강제하고 있다.

4. 유용한 재무정보의 질적 특성

유용한 재무정보의 질적 특성은 재무보고서에 포함된 재무정보에 근거하여 보고기업에 대한 의사결정을 할 때 현재 및 잠재적 투자자, 대여자 및 기타 채권자에게 가장 유용할 정보의 유형을 식별하는 것이다. 재무정보가 유용하기 위해서는 목적적합해야 하고 나타내고자 하는 바를 충실하게 표현해야 한다. 재무정보가 비교가능하고, 검증가능하며, 적시성 있고, 이해가능한 경우 그 재무정보의 유용성은 보강된다.

구 분	구 성 요 소
근본적 질적특성	목적적합성 : 예측가치 와 확인가치, 중요성
	충실한표현 : 완전한 서술, 중립적 서술, 오류가없는 서술
보강적 질적특성	비교가능성, 검증가능성, 적시성, 이해가능성

(1) 근본적 질적 특성

① **목적적합성** : 목적적합한 재무정보는 정보이용자의 의사결정에 차이가 나도록 할 수 있다. 재무정보에 예측가치, 확인가치 또는 이 둘 모두가 있다면 의사결정에 차이가 나도록 할 수 있다.

㉠ 예측가치와 확인가치 : 정보이용자들이 미래 결과를 예측하기 위해 사용하는 절차의 투입요소로 재무정보가 사용될 수 있다면, 그 재무정보는 예측가치를 갖는다. 재무정보가 과거 평가에 대해 피드백을 제공한다면 (과거 평가를 확인하거나 변경시킨다면) 확인가치를 갖는다. 재무정보의 예측가치와 확인가치는 상호 연관되어 있다. 예측가치를 갖는 정보는 확인가치도 갖는 경우가 많다.

㉡ 중요성 : 정보가 누락되거나 잘못 기재된 경우 특정 보고기업의 재무정보에 근거한 정보이용자의 의사결정에 영향을 줄 수 있다면 그 정보는 중요한 것이다.

② **충실한 표현** : 재무정보가 유용하기 위해서는 나타내고자 하는 현상을 충실하게 표현하여야 한다. 완벽하게 충실한 표현을 하기 위해서 서술은 완전하고, 중립적이며, 오류가 없어야 할 것이다.

㉠ 완전한 서술 : 필요한 기술과 설명을 포함하여 정보이용자가 서술되는 현상을 이해하는 데 필요한 모든 정보를 포함하는 것이다.

㉡ 중립적 서술 : 재무정보의 선택이나 표시에 편의가 없는 것이다.

㉢ 오류가 없는 서술 : 충실한 표현은 모든 면에서 정확한 것을 의미하지는 않는다. 오류가 없다는 것은 현상의 기술에 오류나 누락이 없고, 보고 정보를 생산하는 데 사용되는 절차의 선택과 적용 시 절차 상 오류가 없음을 의미한다. 이 맥락에서 오류가 없다는 것은 모든 면에서 완벽하게 정확하다는 것을 의미하지는 않는다.

(2) 보강적 질적 특성

보강적 질적 특성은 만일 어떤 두 가지 방법이 현상을 동일하게 목적적합하고 충실하게 표현하는 것이라면 이 두 가지 방법 가운데 어느 방법을 현상의 서술에 사용해야 할지를 결정하는 데에도 도움을 줄 수 있다.

① **비교가능성** : 정보이용자가 항목 간의 유사점과 차이점을 식별하고 이해할 수 있게 하는 질적 특성이다.

② **검증가능성** : 합리적인 판단력이 있고 독립적인 서로 다른 관찰자가 어떤 서술이 충실한 표현이라는 데 대체로 의견이 일치할 수 있다는 것을 의미한다.

③ **적시성** : 의사결정에 영향을 미칠 수 있도록 의사결정자가 정보를 제때에 이용가능하게 하는 것을 의미한다.

④ **이해가능성** : 정보를 명확하고 간결하게 분류하고, 특징지으며, 표시하면 이해가능하게 된다.

(3) 유용한 재무보고에 대한 원가 제약

원가는 재무보고로 제공될 수 있는 정보에 대한 포괄적 제약요인이다. 재무정보의 보고에는 원가가 소요되고, 해당 정보 보고의 효익이 그 원가를 정당화한다는 것이 중요하다.

목적적합성과 충실한 표현의 상충관계

구 분	목적적합성	충실한 표현
자산의 측정기준	현행가치(공정가치)	역사적원가
인식기준	발생주의	현금주의
공사수익의 인식	진행기준	완성기준
투자주식	지분법	원가법
재무보고	중간보고(반기재무제표)	연차보고(결산재무제표)

멘토노트

✔ 유용한 재무정보의 질적 특성

근본적 질적특성	목적적합성 : 예측가치 와 확인가치, 중요성
	충실한표현 : 완전한 서술, 중립적 서술, 오류가 없는 서술
보강적 질적특성	비교가능성, 검증가능성, 적시성, 이해가능성

01. 다음은 재무회계의 개념체계에 대한 설명이다. 옳은 것은 (O)표, 틀린 것은 (×)를 하시오.

(1) 개념체계는 재무제표의 표시와 관련되는 법규, 회계기준 및 절차를 조화시킬 수 있도록 도움을 제공한다. ………………………………………………………………………………… (　　)

(2) 개념체계는 한국채택국제회계기준을 제정하거나 개정을 검토할 때에 도움을 제공한다.(　　)

(3) 개념체계는 어떤 경우에도 특정 한국채택국제회계기준에 우선한다. ……………………(　　)

02. 다음은 재무정보의 질적 특성이다. (　　　)안에 알맞은 말을 써 넣으시오.

(1) 근본적 질적특성 ① (　　　　　) ② (　　　　　)

(2) 목적적합성 ① 예측가치 ② (　　　　　) ③ (　　　　　)

(3) 충실한 표현 ① (　　　　　) ② (　　　　　) ③ 오류가 없는 서술

(4) 보강적 질적특성 ① 비교가능성, ② (　　　　　) ③ 적시성, ④ (　　　　　)

03. 목적적합성과 충실한 표현의 상충관계를 완성하시오.

	구　분	목적적합성	충실한 표현
(1)	자산의 측정기준	현행가치(공정가치)	(　　　　　)
(2)	인식기준	(　　　　　)	현금주의
(3)	공사수익의 인식	진행기준	(　　　　　)
(4)	투자주식	(　　　　　)	원가법
(5)	재무보고	중간보고(반기재무제표)	연차보고(결산재무제표)

검정문제

01. 다음 중에서 재무제표의 작성과 표시를 위한 개념체계에서 규정하고 있는 근본적 질적 특성인 목적적합성의 하부개념이 아닌 것은?

① 적시성 ② 예측가치
③ 확인가치 ④ 중요성

02. 재무정보의 근본적 질적 특성 중 충실한 표현에 대한 설명이다. 옳지 않은 것은?

① 완전한 서술 ② 중요한 서술
③ 중립적 서술 ④ 오류가 없는 서술

03. 재무보고를 위한 개념체계를 따를 경우 재무정보의 질적특성에 대한 설명 중 옳지 않은 것은?

① 목적적합한 재무정보는 정보이용자의 의사결정에 차이가 나도록 할 수 있다. 재무정보에 예측가치, 확인가치 또는 이 둘 모두가 있다면 의사결정에 차이가 없어야 한다.
② 비교가능성, 검증가능성, 적시성 및 이해가능성은 목적적합하고 충실하게 표현된 정보의 유용성을 보강시키는 질적 특성이다.
③ 재무정보가 유용하기 위해서는 나타내고자 하는 현상을 충실하게 표현하여야 한다. 완벽하게 충실한 표현을 하기 위해서 서술은 완전하고, 중립적이며, 오류가 없어야 할 것이다.
④ 유용한 재무정보의 근본적 질적 특성은 목적적합성과 충실한 표현이다.

04. 금액이 적은 사무용 또는 청소용 소모품은 자산으로 계상하거나 구입한 기간의 비용으로 처리할 수 있다. 소모품을 구입한 기간에 소모품비라는 비용으로 기록하는 회계처리의 근거는 무엇인가?

① 발생주의 ② 보수주의
③ 수익·비용대응 ④ 중요성

05. 다음은 전통적인 회계원칙 중 무엇을 표현한 것인가?

회계상의 금액은 소수점이하의 금액까지도 무시해서는 안되나, 기업규모 등에 비추어 의사결정에 커다란 영향을 미치지 않는 것으로 판단되는 경우 천원 또는 백만원 미만의 단위를 생략하여 기재할 수 있다.

① 계속성 원칙 ② 명료성 원칙
③ 비교가능성 원칙 ④ 중요성 원칙

정답과 보충설명

01 section 회계의 기초개념

기본문제

01. (1) (외) (2) (내) (3) (외)
    (4) (외) (5) (내) (6) (외)

02. (1) 재무상태표 (2) 포괄손익계산서
    (3) 현금흐름표 (4) 자본변동표
    (5) 주석

03. (1) (O) (2) (O) (3) (×)
    (4) (×) (5) (O) (6) (O)
    (7) (O) (8) (×) (9) (O)
    (10) (O)

[해설]

(3) 재무상태표는 일정시점 기업의 재무상태에 대한 정보를 제공한다.
(4) 외부보고목적의 재무회계와 내부보고목적의 관리회계로 구분한다.
(9) 우리나라는 대부분 기업이 1월 1일부터 12월 31일까지 회계기간으로 정하고 있다.

검정문제

01 ②	02 ③	03 ①	04 ③	05 ④
06 ②	07 ①	08 ①	09 ④	10 ②
11 ②	12 ④	13 ②	14 ②	15 ③

[해설]

02. ③ 비용은 유출되고, 수익은 유입된다.
04. ③ 계약만 한 것은 회계상 거래가 아니다.
05. ④ (차) 비용의 발생 ×× (대) 자산의 감소 ××
    부채의 증가 ××
06. (차) 종업원급여(비용의 발생) (대) 예수금(부채의 증가)
    현 금(자산의 감소)
07. (차) 차 입 금(부채의 감소) (대) 현 금(자산의 감소)
    이자비용(비용의 발생)
08. ① 시산표는 한 변 금액 오류를 발견할 수 있다.
09. ④ 시산표는 한 변 금액 오류를 발견할 수 있다.
10. ② 차변이 적고 대변이 많다.
11. ② 외상매입금(부채)이 차변에 기록되면 부채가 감소된다.
12. ④ 분개 설명이다.
13. ② 수정사항의 분개는 자동분개와 수동분개가 있다.
14. ② 기말자본이 기초자본보다 더 많으면 당기순이익이 되고, 기말자본이 기초자본보다 더 적으면 당기순손실이다.
15. ③ 잔액시산표등식 : 기말자산 + 총비용
    = 기말부채 + 기초자본 + 총수익

02 section 현금 및 현금성자산

기본문제

01.

No	차변과목	금 액	대변과목	금 액
(1)	당 좌 예 금	300,000	보 통 예 금	300,000
(2)	현 금 당 좌 예 금 받 을 어 음	100,000 100,000 100,000	외 상 매 출 금	300,000
(3)	매 입	50,000	당 좌 예 금 단 기 차 입 금	30,000 20,000
(4)	단 기 차 입 금 당 좌 예 금	20,000 50,000	매 출	70,000
(5)	받 을 어 음	60,000	외 상 매 출 금	60,000
(6)	외 상 매 입 금	60,000	지 급 어 음	60,000
(7)	부 도 수 표	100,000	당 좌 예 금	100,000
(8)	현 금 성 자 산	500,000	현 금	500,000

02. (1) 800,000 (2) 1,300,000

[해설]

(1) 400,000+300,000+100,000 = 800,000
(2) 400,000+300,000+100,000+500,000 = 1,300,000

03.

은 행 계 정 조 정 표
20×1년 6월 30일

은행 잔액증명서잔액	588,000	회사 당좌예금계정 잔액	500,000
가산 : 은행 미기입예금	10,000	가산 : 어음추심입금액	50,000
차감 : 기발행 미인출수표	30,000	차감 : 어음추심수수료	2,000
장부오기	20,000		
조정 후 잔액	548,000	조정 후 잔액	548,000

NO	차변과목	금 액	대변과목	금 액
(1)	당 좌 예 금	50,000	받 을 어 음	50,000
(2)	수 수 료 비 용	2,000	당 좌 예 금	2,000

04. (1) 1,650,000 (2) 1,750,000

[해설]

(1) 350,000+500,000+300,000+500,000=1,650,000
(2) 350,000+500,000+300,000+500,000+100,000=1,750,000

05.

은 행 계 정 조 정 표
20×1년 6월 30일

은행 잔액증명서잔액	90,000	회사 당좌예금계정 잔액	100,000
가산 : 은행 미기입예금	30,000	가산 : 입금미통지	15,000
차감 : 기발행 미인출수표	10,000	차감 : 당좌차월이자	5,000
조정 후 잔액	110,000	조정 후 잔액	110,000

NO	차변과목	금 액	대변과목	금 액
(1)	당 좌 예 금	15,000	외 상 매 출 금	15,000
(2)	이 자 비 용	5,000	당 좌 예 금	5,000

검정문제

01 ②	02 ①	03 ①	04 ③	05 ④
06 ②	07 ④	08 ①	09 ③	10 ①
11 ②	12 ③			

[해설]

01. ② 양도성예금증서(만기 6개월)은 단기금융상품이다.
02. ① 취득시 만기가 3개월 이내인 채권은 현금성자산이다.
03. ① 300,000+100,000+500,000+850,000=1,750,000
04. ③ (나) 단기대여금, (다) 단기금융상품, (마) 받을어음, (아) 받을어음
05. ④ 당좌차월은 재무상태표에 단기차입금으로 기입한다.
06. ② 사용이 제한된 예금은 예금기간에 따라 기타단기금융자산(유동자산)과 기타장기금융자산(비유동자산)으로 구분한다.

09. ③

은 행 계 정 조 정 표

은행 잔액증명서잔액	120,000	회사 당좌예금계정 잔액	100,000
가산 :		가산 : 입금미기록	15,000
차감 : 기발행 미인출수표	10,000	차감 : 당좌차월이자	5,000
조정 후 잔액	110,000	조정 후 잔액	110,000

10. ①

은 행 계 정 조 정 표

은행 예금 잔액	15,000	회사 당좌예금계정 잔액	(10,500)
가산 :		가산 : 예금 입금액	1,500
차감 : 기발행 미지급수표	3,500	차감 : 은행수수료	500
조정 후 잔액	11,500	조정 후 잔액	11,500

11. ②

은 행 계 정 조 정 표

은행 예금 잔액		회사 당좌예금계정 잔액	500,000
가산 : 미기입 예금	10,000	가산 : 어음추심입금액	50,000
차감 : 기발행 미인출수표 장부오기	30,000 20,000	차감 : 추심수수료	2,000
조정 후 잔액		조정 후 잔액	(548,000)

12. ③

은 행 계 정 조 정 표

은행 예금 잔액	15,000	회사 당좌예금계정 잔액	(14,000)
가산 : 예금미기입액	1,500	가산 :	
차감 : 기발행 미지급수표	3,500	차감 : 은행수수료 부도수표	500 500
조정 후 잔액	13,000	조정 후 잔액	13,000

03 section 금융자산

기본문제

01. 나, 다, 라, 마, 사

02.

No	차변과목	금 액	대변과목	금 액
(1)	당기손익금융자산 수 수 료 비 용	3,000,000 200,000	현 금	3,200,000
(2)	현 금 당기손익금융자산처분손실	4,750,000 250,000	당기손익금융자산	5,000,000
(3)	보 통 예 금	120,000	당기손익금융자산 당기손익금융자산처분이익	100,000 20,000
(4)	당기손익금융자산	10,000	당기손익금융자산평가이익	10,000
(5)	당기손익금융자산평가손실	10,000	당기손익금융자산	10,000

03.

No	차변과목	금 액	대변과목	금 액
(1)	당기손익금융자산 미 수 이 자	950,000 15,000	당 좌 예 금	965,000
(2)	보 통 예 금 당기손익금융자산처분손실	920,000 50,000	당기손익금융자산 미 수 이 자 이 자 수 익	950,000 15,000 5,000

04.

거래발생일	차변과목	금액	대변과목	금액
20×1.10.05	기타포괄손익금융자산	100,000	현 금	100,000
20×1.12.31	기타포괄손익금융자산평가손실	5,000	기타포괄손익금융자산	5,000
20×2.04.15	현 금	110,000	기타포괄손익금융자산 기타포괄손익금융자산평가손실 기타포괄손익금융자산처분이익	95,000 5,000 10,000

검정문제

01 ④	02 ②	03 ④	04 ④	05 ④
06 ④	07 ④	08 ③	09 ①	10 ④
11 ③	12 ①	13 ①	14 ②	15 ③
16 ③	17 ②	18 ②	19 ④	20 ②

[해설]

01. ④ 선급금과 선급비용은 금융자산이 아니다.
02. ② 선급금과 선급비용은 금융자산이 아니다.
03. ④ 금융자산은 현금 및 현금성자산, 매출채권 및 기타채권, 기타금융자산이 있다.
05. ④ 여행자수표(TC)는 통화대용증권으로 현금이다.
06. ④ 보기①번은 장기예금, 보기②③번은 현금성자산이다.
07. ④ 보기①②번은 장기예금, 보기③번은 현금성자산이다.

08. ③ 단기적 이익획득목적으로 주식을 매입하면 당기손익금융자산이며 구입시 수수료는 수수료비용으로 별도표시 한다.
09. ① 장부금액 ₩200,000의 주식을 ₩180,000에 처분하면 당기손익금융자산처분손실이 ₩20,000이다.
10. ④ (100,000+5,000) × 1/2 = 52,500(장부금액)
11. ③ 재무상태표상 당기손익금융자산은 ₩120,000이다.
12. ① 100주 × (12,000－10,000) = 200,000(평가이익)
14. ② ㉠ 갑회사 주식 5주×(300－250) = 250(처분손실)
㉡ 갑회사 주식 5주×(500－300) = 1,000(평가이익)
㉢ 을회사 주식 20주×(250－150) = 2,000(평가이익)
㉣ 1,000+2,000－250=2,750(이익)
15. ③ 947,516 × 0.07 = 66,326의 근사치인 66,300이 답이다.
16. ① 금융자산은 보고기간말 공정가치로 평가해야 한다.
② 유동/비유동의 구분은 보고기간 말을 기준으로 한다.
④ 지분법 적용시 피투자기업으로부터 배당금을 수령하면 관계기업투자계정에서 차감하여 표시한다.
17. ② 단기적 차익을 기대하고 있으나, 시장성이 없는 주식은 기타포괄손익금융자산이다.
18. ② 100주 × @₩7,000 = 700,000이며, 장기투자목적이므로 기타포괄손익금융자산이다.
19. 10/ 5 (차)기타포괄손익금융자산 200,000 (대)현 금 200,000
12/31 (차)기타포괄손익금융자산평가손실 10,000 (대)기타포괄손익금융자산 10,000
4/15 (차)현 금 220,000 (대)기타포괄손익금융자산 190,000
기타포괄손익금융자산평가손실 10,000
기타포괄손익금융자산처분이익 20,000
20. ② 지배할 목적으로 주식을 구입하면 관계기업투자로 한다.
100주 × 7,000 = 700,000

04 section 매출채권과 매입채무

기본문제

01.

No	차변과목	금 액	대변과목	금 액
(1)	매 출 현 금	2,000 98,000	외 상 매 출 금	100,000
(2)	외 상 매 입 금	100,000	매 입 현 금	3,000 97,000
(3)	수 수 료 비 용	4,000	현 금	4,000
(4)	외 상 매 입 금	15,000,000	받 을 어 음	15,000,000
(5)	매출채권처분손실 당 좌 예 금	5,000 195,000	받 을 어 음	200,000
(6)	매출채권처분손실 보 통 예 금	1,000,000 9,000,000	받 을 어 음	10,000,000
(7)	이 자 비 용 당 좌 예 금	35,000 1,965,000	단 기 차 입 금	2,000,000

검정문제

01 ②	02 ①	03 ②	04 ①	05 ④
06 ④	07 ①	08 ③	09 ①	10 ①
11 ②	12 ②	13 ①		

[해설]

01. ① (차) 외 상 매 출 금 ×× (대) 매 출 ××
② (차) 미 수 금 ×× (대) 차 량 운 반 구 ××
③ (차) 받 을 어 음 ×× (대) 매 출 ××
④ (차) 당 좌 예 금 ×× (대) 받 을 어 음 ××
02. ① 매입시 제비용은 원가에 포함한다.
03. ② 100,000+1,000,000－200,000 = 900,000
04. ①

매 출 채 권

1/1	매출채권잔액	8,000		회 수 액	26,000
	외상매출액	25,000	12/31	매출채권잔액	(7,000)

기초12,000 + 순매입(20,000) － 기말11,000 = 매출원가21,000
(30,000) － 21,000 = 9,000 현금매출 5,000 외상매출 25,000
05. ④ 할인료를 매출채권처분손실로 한다.
06. ④ 2/10은 10일내에 회수하면 2%할인조건이고 n/30은 외상대금 상환기간이 매출일부터 30일 이내란 뜻인데 대금을 20일 후에 회수하였으므로 할인은 없다.
07. ① 30,000 × 0.03 = 900(매출할인)
08. ③ 어음을 추심의뢰하면 수수료비용만 분개한다.
09. ① 100,000 × 0.15 × 4/12 = 5,000(할인료)
10. ① 할인료는 매출채권처분손실계정으로 분개한다.
11. ② 차변에 기록하는 계정과목은 단기대여금이다.
12 ② (차) 현 금 96,000 (대) 단기차입금 100,000
이자비용 4,000
13. ① 부도어음은 매출채권(자산)이다.

05 section 대손(손상)회계

기본문제

01.

No	차변과목	금 액	대변과목	금 액
(1)	대 손 상 각 비	10,000	대 손 충 당 금	10,000
(2)	대 손 충 당 금	10,000	대손충당금환입	10,000
(3)	대 손 충 당 금 대 손 상 각 비	150,000 50,000	외 상 매 출 금	200,000
(4)	대 손 충 당 금 대 손 상 각 비	400,000 600,000	받 을 어 음	1,000,000
(5)	대 손 충 당 금	1,000,000	받 을 어 음	1,000,000
(6)	현 금	30,000	대 손 충 당 금	30,000
(7)	현 금	30,000	대 손 충 당 금 대 손 상 각 비	20,000 10,000

검정문제

01 ②	02 ①	03 ④	04 ③	05 ③
06 ①	07 ①	08 ①	09 ②	10 ②
11 ②				

[해설]

01. ② 250,000 − 100,000 + 50,000 = 200,000
02. ① 8,000,000 × 0.02 − 200,000 = −40,000
03. ④ 1,500,000 × 0.02 − 15,000 = 15,000
04. ③ 500,000 × 0.02 − 12,000 = −2,000
05. ③ 800,000 × 0.01 − 12,000 = −4,000
06. ① 800,000 × 0.01 − 0 = 8,000
07. ① (300,000×0.005) + (30,000×0.05) + (10,000×0.1) + (10,000×0.2) − 5,000 = 1,000
08. ① 전기에 대손된것을 당기에 회수하면 대변에 대손충당금계정이다.
09. ② 충당금설정법이란 대손충당금계정을 사용하여 손상차손금액을 매출채권에서 차감하는 방법을 말한다.
10. ② 매출채권(외상매출금, 받을어음)에 대한 대손상각비와 기타채권(대여금, 미수금)에 대한 기타의 대손상각비는 모두 당기손익에 반영 한다.
11. ② 대손확정시 : (차) 대손충당금 ×× (대) 매출채권 ××

06 section 기타채권 · 채무에 관한 거래

기본문제

01.

No	차변과목	금 액	대변과목	금 액
(1)	현 금	200,000	상품권선수금	200,000
(2)	상품권선수금 현 금	200,000 100,000	매 출	300,000
(3)	상품권할인액 현 금	100,000 900,000	상품권선수금	1,000,000
(4)	상품권선수금 매 출	1,000,000 100,000	매 출 상품권할인액	1,000,000 100,000
(5)	미 결 산	300,000	외상매출금	300,000
(6)	미 결 산	5,100,000	단기대여금 현 금	5,000,000 100,000

02.

No	차변과목	금 액	대변과목	금 액
(1)	현 금	5,000,000	장기차입금	5,000,000
(2)	이자비용 장기차입금	500,000 5,000,000	미지급이자 유동성장기부채	500,000 5,000,000

검정문제

01 ④	02 ④	03 ①	04 ③	05 ①
06 ③	07 ①			

[해설]

01. ④ 상품권은 상품권선수금계정으로 분개된다.

02. 9월5일 (차)현 금 450,000 (대)상품권선수금 500,000
상품권할인액 50,000
10월20일 (차)상품권선수금 500,000 (대)매 출 500,000
매출에누리(매출) 50,000 상품권할인액 50,000

03. ① (차)상품권할인액 ×× (대)상품권선수금 ××
현 금 ××
즉, 선수금은 할인액을 차감하기 전 금액이다.

04. ③ (차)여비교통비 250,000 (대)가 지 급 금 200,000
현 금 ×× 현 금 50,000

06. ③ 예수금은 일반적 상거래 외에 발생한 일시적 보관액이다.

07. ① (차)감가상각누계액 10,000,000 (대)건 물 20,000,000
당 좌 예 금 7,000,000
재 해 손 실 3,000,000

07 section 재고자산

기본문제

01. (1) (상품) (원재료) (재공품) (제품)
(2) ① (총매입액) − (환출 및 매입에누리·매입할인) = 순매입액
② (총매출액) − (환입 및 매출에누리·매출할인) = 순매출액
③ 기초재고액 + (순매입액) − 기말재고액 = (매출원가)
④ 순매출액 − (매출원가) = (매출총이익)
(3) (계속기록법) (실지재고조사법) (선입선출법) (후입선출법) (이동평균법) (총평균법)
(4) ① (후입선출법) ② (이동평균법) ③ (선입선출법)

02. (1) (○) (2) (×) (3) (○) (4) (○)

03.

구 분	계산과정	답 란
(1)순매입액	(270,000+30,000) − (50,000+30,000+20,000) = 200,000	200,000원
(2)순매출액	450,000 − (40,000+10,000+50,000) = 350,000	350,000원
(3)매출원가	150,000 + 200,000 − 30,000 = 320,000	320,000원
(4)매출총이익	350,000 − 320,000 = 30,000	30,000원

04.

상 품 재 고 장

[선입선출법] 품명 : 갑상품 (단위 : 개)

월일		적 요	인 수			인 도			잔 액		
			수량	단가	금액	수량	단가	금액	수량	단가	금액
3	1	전월이월	10	10	100				10	10	100
	8	매 입	50	12	600				10	10	100
									{ 50	12	600
	14	매 출				10	10	100			
						{ 40	12	480	10	12	120
	20	매 입	20	13	260				10	12	120
									{ 20	13	260
	25	매 출				10	12	120			
						{ 10	13	130	10	13	130
	31	**차월이월**				**10**	**13**	**130**			
			80		960	80		960			
4	1	전월이월	10	13	130				10	13	130

매출액 : (₩1,050), 매출원가 : (₩830), 매출총이익 : (₩220)

상품재고장

[후입선출법] 품명 : 갑상품 (단위 : 개)

월일		적 요	인 수			인 수			인 수		
			수량	단가	금액	수량	단가	금액	수량	단가	금액
3	1	전월이월	10	10	100				10	10	100
	8	매 입	50	12	600				10	10	100
									{ 50	12	600
	14	매 출				50	12	600	10	10	100
	20	매 입	20	13	260				10	10	100
									{ 20	13	260
	25	매 출				20	13	260	10	10	100
	31	**차월이월**				**10**	**10**	**100**			
			80		960	80		960			
4	1	전월이월	10	10	100				10	10	100

매출액 : (₩1,050), 매출원가 : (₩860), 매출총이익 : (₩190)

05.

상품재고장

[이동평균법] 품명 : 갑상품 (단위 : 개)

월일		적 요	인 수			인 수			인 수		
			수량	단가	금액	수량	단가	금액	수량	단가	금액
6	1	전월이월	100	200	20,000				100	200	20,000
	5	매 입	100	240	24,000				200	220	44,000
	22	매 출				100	220	22,000	100	220	22,000
	27	매 입	100	280	28,000				200	250	50,000
	30	**차월이월**				**200**	**250**	**50,000**			
			300		72,000	300		72,000			
7	1	전월이월	200	250	50,000				200	250	50,000

매출액 : (₩30,000), 매출원가 : (₩22,000), 매출총이익 : (₩8,000)

상품재고장

[총평균법] 품명 : 갑상품 (단위 : 개)

월일		적 요	인 수			인 수			인 수		
			수량	단가	금액	수량	단가	금액	수량	단가	금액
6	1	전월이월	100	200	20,000				100	200	20,000
	5	매 입	100	240	24,000				200		
	22	매 출				100	240	24,000	100		
	27	매 입	100	280	28,000				200		
	30	**차월이월**				**200**	**240**	**48,000**			
			300		72,000	300		72,000			
7	1	전월이월	200	240	48,000				200	240	48,000

매출액 : (₩48,000), 매출원가 : (₩24,000), 매출총이익 : (₩6,000)

06.

구 분	계산과정	답 란
(1) 재고자산감모손실	(1,000−900)×100 = 10,000	₩10,000
(2) 재고자산평가손실	900 × (100−80) = 18,000	₩18,000

07.

구 분	(1) 소매재고법	(2) 매출총이익율법
원가율 (매출총이익율)	$\frac{580,000+2,150,000}{950,000+3,250,000} = 0.65$	$\frac{\text{매출총이익}}{\text{매출액}} = 0.35$
기말재고액	950,000 + 3,250,000 − 3,600,000 = 600,000 600,000 × 0.65 = 390,000	580,000 + 2,150,000 − 2,340,000 = 390,000
매출원가	3,600,000×0.65 = 2,340,000	3,600,000×0.65 = 2,340,000

08. (1) ① (2) ① (3) ② (4) ③ (5) ④
(6) ④ (7) ⑤ (8) ⑥

검정문제

01 ③	02 ③	03 ②	04 ②	05 ②
06 ①	07 ④	08 ②	09 ③	10 ④
11 ②	12 ②	13 ④	14 ②	15 ④
16 ①	17 ③	18 ②	19 ④	20 ①
21 ①	22 ③	23 ②	24 ④	25 ③
26 ④	27 ④	28 ③	29 ①	30 ③
31 ①	32 ③	33 ②	34 ③	35 ③
36 ②	37 ④			

[해설]

01. ③ ㉠ (230,000) − 10,000 = 220,000
㉡ 60,000 + 220,000 − 80,000 = 200,000

02. ③ 기초상품재고액 + 순매입액 = 판매가능액
5,000 + (60,000 − 500 − 700) = 63,800

03. ㉠ (500,000 + 15,000) − (8,000 + 5,000) = 502,000(순매입액)
㉡ 120,000 + 502,000 − 75,000 = 547,000(매출원가)

04. ㉠ (150,000 + 30,000) − 20,000 = 160,000(순매입액)
㉡ 200,000 − (20,000 + 10,000) = 170,000(순매출액)
㉢ 30,000 + 160,000 − 40,000 = 150,000(매출원가)
㉣ 170,000 − 150,000 = 20,000(매출총이익)

05. ㉠ 2,500,000 − 100,000 = 2,400,000(순매출액)
㉡ 500,000 + 1,000,000 − 700,000 = 800,000(매출원가)
㉢ 2,400,000 − 800,000 = 1,600,000(매출총이익)

06. ㉠ 200,000 − (13,000 + 4,000 + 2,000) = 181,000
㉡ 440,000 − 8,000 = 432,000
㉢ 0 + 181,000 − 0 = 181,000
㉣ 432,000 − 181,000 = 251,000

07. ④ 재고자산평가손실은 보유한 재고자산에 대한 가치하락을 의미하는 것이다. 완성하는데 원가가 하락하면 제조원가가 감소하고, 판매하는데 필요한 원가는 판매비(물류원가)와 관리비가 감소한다는 것이다.

08. ㉠ 매출(981,000) × 매출총이익율(0.25) = 매출총이익(245,250)
㉡ 매출(981,000) − 매출원가(735,750) = 매출총이익(245,250)
㉢ 기초재고(140,000) + 매입(745,000) − 기말장부재고(149,250) = 매출원가(735,750)
㉣ 기말장부재고(149,250) − 기말실사금액(110,000) = 감모손실(39,250)

09. ㉠ 60,000 + 540,000 − 80,000 = 520,000
㉡ (80,000 − 70,000) × 60% = 6,000
㉢ 520,000 + 6,000 = 526,000
재고자산감소손실이 정상적이면 매출원가에 산입하고, 비정상적인 경우는 원가성이 없으므로 기타비용으로 한다.

10. ④ ㉠ 상품1 500,000 − 460,000 = 40,000(평가손실)
㉡ 상품2 300,000 − 270,000 = 30,000(평가손실)
㉢ 40,000 + 30,000 = 70,000(평가손실)
㉣ 종목별저가주의에서 평가이익(상품 3)은 계상하지 않는다.

11.

	[취득원가]	[추정판매가치]
A	1,000 × 3,000 = 3,000,000	1,000 × (4,000 − 900) = 3,100,000
B	1,500 × 3,500 = 5,250,000	1,500 × (3,200 − 200) = 4,500,000
C	800 × 2,300 = 1,840,000	800 × (2,200 − 100) = 1,680,000

상품 A에 이익은 계산하지 않는다. 상품 B는 손실 750,000이고 상품 C는 손실이 160,000으로 평가손실이 910,000이다.
기초재고(7,500,000) + 매입액(45,000,000) − 기말재고(10,090,000) = 매출원가(42,410,000)인데 평가손실 910,000을 매출원가에 산입 시켜야 한다. 그래서 42,410,000 + 910,000 = 43,320,000이다.

12. ② ㉠ 이동평균법(105,000) − 선입선출법(100,000) = 당기순이익(5,000)
㉡ 이동평균법((35,000)) − 선입선출법(30,000) = 당기순이익(5,000)
즉, 이동평균법의 당기순이익이 ₩5,000이 크다는 것은 기말재고자산도 이동평균법이 ₩5,000크다는 것이다.

13. ④ 재고자산감모손실은 계속기록법(장부재고수량)과 실지재고조사법(실제재고수량)을 병행하는 경우 나타나는 과목이다.

14. ② 재고자산의 감액을 초래했던 상황이 해소되어 순실현가능가치가 상승하면 평가손실은 환입해야 한다.

15. ④ 번은 후입선출법 설명이다.

16. ① 물가상승시 이익이 가장 과소계상 되는 것이 후입선출법이므로 이익이 과대계상되는 것은 선입선출법이다.

17. ③ 물가상승시 후입선출법을 이용하면 선입선출법이용시보다 매출총이익이 적게 보고 된다.

18. ② 물가상승시 매출원가 크기 :
선입선출법 〈 이동평균법 〈 총평균법 〈 후입선출법

19. ④ K-IFRS에서 후입선출법은 허용하지 않는다.

20. **상 품 재 고 장** (선입선출법)

월일		적 요	인 수			인 도			잔 액		
			수량	단가	금액	수량	단가	금액	수량	단가	금액
9	1	전기이월	100	200	20,000				100	200	20,000
	5	판 매				40	200	8,000	60	200	12,000
	10	매 입	100	180	18,000				60	200	12,000
									100	180	18,000
	20	판 매				60	200	12,000	20	180	3,600
						80	180	14,400			
	21	매 입	100	220	22,000				20	180	3,600
									100	220	22,000
	25	판 매				20	180	3,600	40	220	8,800
						60	220	13,200			
	30	**차기이월**				**40**	**220**	**8,800**			
			300		60,000	300		60,000			

21. **상 품 재 고 장** (선입선출법)

월일		적 요	인 수			인 도			잔 액		
			수량	단가	금액	수량	단가	금액	수량	단가	금액
5	1	전월이월	1,200	25	30,000				1,200	25	30,000
	3	매 출				500	25	12,500	700	25	17,500
	12	매 입	800	30	24,000				700	25	17,500
									800	30	24,000
	17	매 출				300	25	7,500	400	25	10,000
									800	30	24,000
	20	매 입	1,000	35	35,000				400	25	10,000
									800	30	24,000
									1,000	35	35,000
	31	매 출				400	25	10,000	900	35	31,500
						800	30	24,000			
						100	35	3,500			
	31	**차월이월**				**900**	**35**	**31,500**			
			3,000		89,000	3,000		89,000			

22. **상 품 재 고 장** (이동평균법)

월일		적 요	인 수			인 도			잔 액		
			수량	단가	금 액	수량	단가	금액	수량	단가	금 액
9	1	기초재고	100	1,000	100,000				100	1,000	100,000
	15	매 입	100	1,200	120,000				200	1,100	220,000
	20	판 매				100	1,100	110,000	100	1,100	110,000
	25	매 입	100	1,300	130,000				200	1,200	240,000
	30	**차월이월**				**100**	**1,200**	**120,000**			
			300		350,000	300		330,000			

23. **상 품 재 고 장** (이동평균법)

월일		적 요	인 수			인 도			잔 액		
			수량	단가	금 액	수량	단가	금액	수량	단가	금 액
7	1	기초재고	100	1,000	100,000				100	1,000	100,000
	5	매 입	400	1,100	440,000				500	1,080	540,000
	15	매 출				300	1,080	324,000	200	1,080	216,000
	20	매 입	200	1,120	224,000				400	1,100	440,000
	25	매 출				100	1,100	110,000	300	1,100	330,000
	31	**차월이월**				**100**	**1,100**	**330,000**			
			700		764,000	700		764,000			

㉠ 324,000 + 110,000 = 434,000(매출원가)
㉡ 360,000 + 125,000 = 485,000(매출액)
㉢ 매출액(485,000) − 매출원가(434,000) = 매출총이익(51,000)

24. ④ ㉠ (28,120 + 108,000 + 7,880) ÷ (42,000 + 150,000)
= 0.75(원가율)
㉡ 164,100 × 0.75 = 123,075(매출원가)
26. ④ 원재료는 현행대체원가(현 시점에서 원재료를 구입하는데 드는 금액)로 평가할 수 있다.
27. ④ K-IFRS에서는 재고자산의 평가를 공정가치 또는 순실현가능가치를 인정하고 있지만 대체방법으로 원재료는 현행대체원가를 이용할 수 있다.
28. ③ 상품관련계정의 결산정리분개는 실지재고조사법에서만 요구된다.
29. ① 실지재고조사법에서 이동평균법은 사용불가이며, 물가상승시 이익이 가장적게 나오는 방법이 후입선출법이다.
30. ③ 수탁받은 상품을 매입하면 수탁매입계정이다.
31. ① 위탁판매는 수탁자가 위탁품을 판매한 날에 수익(매출)을 인식한다.
32. ③ 시용매출 : 매입자가 구매의사표시한날
33. ② 시용판매의 경우 구매자가 매입의사표시한 시점에 수익을 인식한다.
34. ③ 할부로 판매된 상품의 소유권은 구매자의 것이다.
35. ③ 위탁매출의 경우 수탁자가 위탁품을 판매한날 수익을 인식한다.
36. ㉠ 도착지인도기준인 ₩30,000은 판매자의 기말 재고자산이다. (선적지인도기준이라면 구매자의 기말재고자산에 포함해야 한다.)
㉡ 시용판매는 구매자가 구입의사를 표시해야 매출되는 것으로 한다.
㉢ 100,000 + 20,000 = 120,000
37. ㉠ 선적지인도조건으로 매입한 ₩30,000은 매입자(당점)의 재고자산이다.
㉡ 도착지인도조건으로 판매한 ₩20,000(원가)은 매출자(당점)의 재고자산이다.
㉢ 시용판매조건으로 판매한 ₩15,000(원가)은 구입 의사표시가 없으므로 판매자(당점)의 재고자산이다.
㉣ 250,000 + 30,000 + 20,000 + 15,000 = 315,000

08 section 투자부동산

기본문제

01.

No	차변과목	금 액	대변과목	금 액
(1)	투 자 부 동 산	210,000	당 좌 예 금	210,000
(2)	투 자 부 동 산	6,000	투자부동산평가이익	6,000
(3)	투자부동산평가손실	76,000	투 자 부 동 산	76,000
(4)	현 금	180,000	투 자 부 동 산 투자부동산처분이익	140,000 40,000

검정문제

01 ④	02 ①	03 ①	04 ①	05 ③

[해설]

01. ④ 재고자산은 유동자산이다.
02. ① 투자부동산 설명이다.
03. ① 제3자를 위하여 건설 또는 개발 중인 부동산은 건설계약으로 보며 이는 재고자산으로 분류한다.
04. ① 재화나 용역의 생산 또는 공급, 관리목적이나 일상적인 거래에서 일어나는 판매목적의 자산은 재고자산에 포함한다.
05. ③ 20×2년 공정가치(800,000) − 20×1년 공정가치(700,000
= 평가이익(100,000)

09 section 유형자산(K-IFRS 제1016호)

기본문제

01. (1) 자 (2) 비 (3) 비 (4) 비 (5) 자
(6) 자 (7) 비 (8) 비

02.

No	차변과목	금 액	대변과목	금 액
(1)	차 량 운 반 구 보 험 료	10,500,000 500,000	현 금	11,000,000
(2)	감가상각누계액 미 수 금 유형자산처분손실	6,800,000 2,500,000 700,000	차 량 운 반 구	10,000,000
(3)	감가상각누계액 현 금 당 좌 예 금	10,000,000 40,000,000 30,000,000	건 물 유형자산처분이익	63,000,000 17,000,000
(4)	건 물 수 선 비	200,000 100,000	현 금	300,000

03.

년도	계산과정	감가상각누계액
20×1년	$\frac{600,000-0}{3}$ = 200,000	200,000
20×2년	$\frac{600,000-0}{3}$ = 200,000	400,000
20×3년	$\frac{600,000-0}{3}$ = 200,000	600,000

04.

년도	계산과정	감가상각누계액
20×1년	(4,500,000−0) ÷ 3 × 2 = 3,000,000	3,000,000
20×2년	(4,500,000−3,000,000) ÷ 3 × 2 = 1,000,000	4,000,000
20×3년	(4,500,000−4,000,000) − 200,000 = 300,000	4,300,000

05.

년도	계산과정	감가상각누계액
20×1년	(1,000,000 − 0) × 0.4 = 400,000	400,000
20×2년	(1,000,000 − 400,000) × 0.4 = 240,000	640,000
20×3년	(1,000,000 − 640,000) × 0.4 = 144,000	784,000

06.

년도	계산과정	감가상각누계액
20×1년	$(700,000-100,000)\times\frac{3}{3+2+1}=300,000$	300,000
20×2년	$(700,000-100,000)\times\frac{2}{3+2+1}=200,000$	500,000
20×3년	$(700,000-100,000)\times\frac{1}{3+2+1}=100,000$	600,000

07.

년도	계산과정	감가상각누계액
20×1년	$(160,000-10,000)\times\frac{2,000}{20,000}=15,000$	15,000
20×2년	$(160,000-10,000)\times\frac{3,000}{20,000}=22,500$	37,500
20×3년	$(160,000-10,000)\times\frac{10,000}{20,000}=75,000$	112,500

08. (1) 50,000,000 + 50,000,000 + 10,000,000 − 1,500,000
= 108,500,000
(2) 30,000,000 + 2,700,000 = 32,700,000

검정문제

01 ④	02 ④	03 ②	04 ④	05 ②
06 ①	07 ②	08 ④	09 ①	10 ①
11 ③	12 ②	13 ②	14 ①	15 ②
16 ④	17 ②	18 ④	19 ①	20 ④
21 ②	22 ①	23 ③	24 ②	25 ②

[해설]

01. ④ 영업권은 무형자산이다.

02. ④ 공장설비의 일상적인 수리를 위한 지출은 당기비용(수선비)이다.

03. ② 유형자산중 토지와 건설중인자산은 감가상각을 하지 않는다.

04. ④ 일상적인 수선유지와 관련하여 발생한 원가는 당기비용으로 인식한다.

05. ② 토지원가에 가산한다.

06. ① 1,000,000 + 100,000 − 50,000 = 1,050,000

08. ④ 직선법(정액법), 체감잔액법(정률법, 연수합계법, 이중체감법)이다.

09. ① 감가상각의 본질은 합리적이고 체계적인 기간손익계산의 원가배분절차이다.

10. ① 유형자산 감가상각의 본질은 자산의 취득원가를 체계적으로 기간에 걸쳐 배분하기 위한 것이다.

11. ③ 정액법은 매기 감가상각비가 동일하게 발생한다. 보기 ①번은 체감잔액법(이중체감법, 정율법, 연수합계법)의 형태이다.

12. ② (구입가격 + 설치장소까지의 운송비 + 관세 및 취득세) − 매입할인 = 520,000

13. ② $\frac{(\text{취득원가}-\text{잔존가치})}{\text{내용연수}}$ = 감가상각비

$\frac{(200,000-20,000)}{5}$ = 36,000

14. ① (1,200,000 − 200,000) / 5 = 200,000

15. ② 20×3년에 계상할 감가상각비는 ₩3,750이다.
㉠ 20×1년 : 150,000 / 20 = 7,500 × 10/12 = 6,250
㉡ 20×2년 : 150,000 / 20 = 7,500 × 12/12 = 7,500
㉢ 20×3년 : 150,000 / 20 = 7,500 × 6/12 = 3,750

16. ④ 250,000 − 70,000 = 180,000 ÷ 3년 = 60,000 × 5년 = 300,000

17. ② (차) 현 금 90 (대) 건 물 100
유형자산처분손실 10
즉, 비용의 발행은 자본의 감소요인이다.

18. (차) 감가상각누계액 80,000 (대) 기 계 장 치 (450,000)
미 수 금 500,000 유형자산처분이익 130,000

19. 20×1년 (1,000,000−0) × 0.4 = 400,000
20×2년 (1,000,000 − 400,000) × 0.4 = 240,000
20×3년 (1,000,000 − 640,000) × 0.4 = 144,000

20. ④ 내용연수 초기 감가상각비의 크기
이중체감잔액법 〉 정률법 〉 연수합계법 〉 정액법
즉, 감가상각비(비용)의 크기가 가장적다면 당기순이익의 크기는 가장 크게 나타나므로 법인세를 가장 많이 부담하여야 한다.

21. ①③④비용으로 처리하는 경우(수익적지출), ②자산으로 처리하는 경우(자본적지출)이다.

22. ① 보기①번은 수익적지출(비용)이고, 보기②③④번은 자본적지출(자산)이다.

23. ③ 보기 ①②④번은 자산적지출(자산)이고, 보기 ③번은 비용적지출(비용)이다.

24. ㉠㉢은 자산적지출(자산)이고, ㉡㉣은 비용적지출(비용)이다.

25. 보기 ①③④번은 자산적지출(자산)이고, 보기 ②번은 비용적지출(비용)이다.

10 section 무형자산

기본문제

01. (1) 유 (2) 유 (3) 무 (4) 무 (5) 유
(6) 무 (7) 무 (8) 유 (9) 유 (10) 무
(11) 무 (12) 유 (13) 유 (14) 무 (15) 무

02.

No	차변과목	금 액	대변과목	금 액
(1)	자산 영업권	1,000,000 50,000	부채 당좌예금	600,000 450,000
(2)	영업권손상차손	20,000	영업권	20,000
(3)	개발비	1,200,000	보통예금	1,200,000
(4)	특허권	200,000	현금	200,000
(5)	무형자산상각비	260,000	개발비 특허권	240,000 20,000

검정문제

01 ① 02 ④ 03 ① 04 ④ 05 ④
06 ① 07 ② 08 ④ 09 ③

[해설]

01. ① 연구비는 판매비(물류원가)와 관리비이다.
02. ④ 컴퓨터소프트웨어는 무형자산으로 비유동자산이다.
03. ① 내부적으로 창출된 영업권은 무형자산으로 인식하지 않고 유상취득한 것에 한하여 영업권(무형자산)으로 인식한다.
04. ④ 무형자산의 합리적인 상각방법을 정할 수 없는 경우에는 정액법을 사용한다.
05. ④ 무형자산을 상각할 때는 직접법 또는 간접법으로 상각한다.
06. ② 창업비와 개업비는 관리비이다.
③ 내용연수가 유한한 무형자산과 비한정적인 무형자산으로 구분하고, 비한정적인 무형자산은 상각하지 않되 매년 손상검사한다.
④ 상각방법은 합리적인 방법을 사용한다. 다만, 합리적인 상각방법을 정할 수 없는 경우에는 정액법을 사용한다.
07. (차) 제 자 산 900,000 (대) 제 부 채 200,000
영 업 권 400,000 당 좌 예 금 1,100,000
08. ④ 무형자산은 손상검사를 할 수 있다.
09. ③ 새로운 지식을 얻고자 하는 활동, 연구결과나 기타 지식을 응용하는 활동은 연구활동이고, 생산이나 사용 전의 시제품과 모형을 제작하는 활동, 새로운 기술과 관련된 공구를 설계하는 활동은 개발활동이다.

11 section 부채

기본문제

01. (1) ○ (2) × (3) ○

02.

No	차변과목	금 액	대변과목	금 액
(1)	당좌예금 사채할인발행차금	970,000 30,000	사채	1,000,000
(2)	이자비용	116,400	현금 사채할인발행차금	100,000 16,400
(3)	사채	25,000	현금 사채할인발행차금 사채상환이익	24,100 400 500
(4)	보통예금	500,000	사채	500,000
(5)	당좌예금 사채할인발행차금	96,300 3,700	사채	100,000
(6)	보통예금	350,000	사채 사채할증발행차금	300,000 50,000

03.

No	차변과목	금 액	대변과목	금 액
(1)	퇴직급여	500,000	퇴직급여부채	500,000
(2)	퇴직급여부채	100,000	현금	100,000
(3)	퇴직급여	400,000	퇴직급여부채	400,000
(4)	현금	5,000,000	장기차입금	5,000,000
(5)	장기차입금	5,000,000	유동성장기부채	5,000,000

검정문제

01 ③ 02 ② 03 ① 04 ③ 05 ④
06 ① 07 ① 08 ② 09 ④ 10 ④
11 ③ 12 ③ 13 ④ 14 ④

[해설]

01. ③ 보기①②④번은 유동부채이고, 보기③번은 비유동부채로 분류한다.
02. ② 20×2년 6월 30일 1,000,000 × 0.2 = 200,000은 지급하였으므로 차입금잔액은 ₩800,000이고, 보고기간말로부터 1년 이내(20×3년 12월 31일)까지 지급해야하는 ₩200,000은 유동부채이고 나머지는 비유동부채 이다.
03. ① 할증발행 : 액면이자율 > 시장이자율
할인발행 : 액면이자율 < 시장이자율
평가발행 : 액면이자율 = 시장이자율
04. ③ 880,000 − (830,000 − 250,000) = 300,000
05. ④ 퇴직급여는 해당 직원이 퇴직할 때까지 매 보고기간 말마다 비용으로 인식하여야 한다.

06. ① (차) 퇴직급여부채(부채의 감소)　　(대) 현금(자산의 감소)
07. ① 과거 사건의 결과로 현재의무(법적의무와 의제의무)가 존재해야 한다.
08. ② 충당부채의 현재의무에는 법적의무와 의제의무를 포함한다.
09. ④ 우발자산은 재무제표에 자산으로 할 수 없고 주석으로만 기재 할 수 있다.
10. ① 금융부채에는 매입채무(외상매입금, 지급어음), 기타채무(차입금, 미지급금), 사채 등이 있고 선수금과 선수수익은 금융부채가 아니다.
② 금융자산 설명이다.
③ 금융자산 설명이다.
11. ③ 금융부채는 매입채무(외상매입금, 지급어음) 및 기타채무(차입금, 미지급금), 사채를 말한다. 선수금과 선수수익은 금융부채가 아니다.
12. ③ 선수금과 선수수익은 재화나 용역을 제공하는 것이 아니므로 금융부채가 아니다.
13. ④ 선수금과 선수수익은 재화나 용역을 제공하는 것이 아니므로 금융부채가 아니다.
14. ④번은 비금융부채(충당부채)로 한다.

12 section 자본

기본문제

01.

No	차변과목	금　액	대변과목	금　액
(1)	보 통 예 금	7,500,000	자 본 금	7,500,000
(2)	당 좌 예 금	1,100,000	자 본 금 주식발행초과금	1,000,000 100,000
(3)	당 좌 예 금 주식할인발행차금	900,000 100,000	자 본 금	1,000,000
(4)	보 통 예 금 주식할인발행차금	90,000 15,000	자 본 금 현 금	100,000 5,000
(5)	보 통 예 금	120,000,000	자 본 금 주식발행초과금 당 좌 예 금	100,000,000 15,000,000 5,000,000
(6)	보 통 예 금	60,000,000	자 본 금 주식발행초과금 현 금	50,000,000 9,000,000 1,000,000
(7)	현 금	60,000,000	자 본 금 주식발행초과금	50,000,000 10,000,000

02.

No	차변과목	금　액	대변과목	금　액
(1)	당 좌 예 금	12,000,000	자 본 금 주식발행초과금	10,000,000 2,000,000
(2)	자 본 금	5,000,000	당 좌 예 금 미처리결손금 감 자 차 익	3,000,000 500,000 1,500,000

03. (1) 260,000　　(2) 200,000

검정문제

01 ③	02 ④	03 ③	04 ①	05 ④
06 ③	07 ③	08 ④	09 ②	10 ②
11 ③	12 ②	13 ②	14 ②	15 ②
16 ②	17 ④	18 ④	19 ④	20 ①

[해설]

02. ④ 200,000 + 300,000 + 90,000 − 50,000 − 70,000 = 470,000
03. ③ 잔여지분은 우선주 주주 → 보통주 주주 순으로 귀속 된다.
04. ① 누적적 우선주 설명이다.
05. ④ 자본잉여금에는 주식발행초과금, 감자차익, 자기주식처분이익 등이 있다.
06. ③ 기타포괄손익누계액에는 해외사업환산손익, 기타포괄손익금융자산평가손익, 현금흐름위험회피 파생상품평가손익, 재평가잉여금 등이 있다.
07. ③ 해외사업환산차 계정이 차감적 자본계정이다.
08. ④ 주식발행초과금은 자본잉여금계정이고, 주식할인발행차금은 차감적 자본조정항목이다.
09. ① (차)자본잉여금 ×× (대)자 본 금 ×× (자본에 영향이 없다.)
② (차)자　본　금 ×× (대)현　　금 ×× (자본이 감소한다.)
③ (차)미교부주식배당금 ×× (대)자 본 금 ×× (자본에 영향이 없다.)
④ (차)현　　　금 ×× (대)자 본 금 ×× (자본이 증가한다.)
주식할인발행차금 ××
10. ② 이익잉여금이 감소하고 자본금이 증가하므로 전체자본에는 변화가 없다.
11. ③ ㉠ 1,000주 × 500 = 500,000 ㉡ 1,000주 × 450 = 450,000
12. ② ㉠ 100주 × @₩5,000 = 500,000(자본금)
㉡ 100주 × @₩4,000 = 400,000(당좌예금)
㉢ (차) 자 본 금 500,000　(대) 당좌예금 400,000
감자차익 100,000
13. ㉠ 무상증자 : (차)잉　여　금 20,000 (대)자 본 금 20,000
㉡ 주식배당 : (차)미교부주식배당금 10,000 (대)자 본 금 10,000
∴ 무상증자와 주식배당은 자본총액에 영향을 미치는 않는다.

자　본

현 금 배 당	5,000	기 초 자 본	150,000
기 말 자 본	200,000	재평가가잉여금	15,000
		당 기 순 이 익	(40,000)
	205,000		205,000

14. 40,000,000 − (1,000,000 + 4,000,000 + 10,000,000)
= 25,000,000
15. 전기이월미처분이익잉여금(100,000) + 당기순이익(30,000)
= 당기말 미처분이익잉여금(130,000)
16. ② 475,000 ÷ 950주 = 500
17. ④ 100,000,000 × 0.01 × 0.5 = 500,000(현금배당)

18. ④ 당기순손익은 이익잉여금에 포함되어 당기순이익은 자본을 증가시키고, 당기순손실은 자본을 감소시킨다.
19. 30주 × 120 = 3,600(장부금액), 30주 × 150 = 4,500(처분금액)

13 section 수익과 비용

기본문제

01.

No	차변과목	금 액	대변과목	금 액
(1)	선 급 법 인 세	250,000	현 금	250,000
(2)	법 인 세 비 용	600,000	선 급 법 인 세 미 지 급 법 인 세	250,000 350,000

02.

No	차변과목	금 액	대변과목	금 액
(1)	매 입 부가가치세대급금	450,000 45,000	외 상 매 입 금 현 금	450,000 45,000
(2)	외 상 매 출 금 현 금	600,000 60,000	매 출 부가가치세예수금	600,000 60,000
(3)	부가가치세예수금	60,000	부가가치세대급금 현 금	45,000 15,000
(4)	부가가치세예수금	25,000	부가가치세대금금	25,000

검정문제

01 ③	02 ①	03 ①	04 ②	05 ②
06 ④	07 ③	08 ②	09 ③	10 ②
11 ①	12 ②	13 ②	14 ④	15 ①
16 ②	17 ①	18 ①	19 ①	

[해설]

02. ① 발생주의는 거래나 그 밖의 사건의 영향을 현금의 수입과 지급시점이 아니라 발생한 기간에 인식하여 보고하여야 한다.
03. ① 상품은 구입시점이 아니고 판매시점에 수익을 인식한다.
05. ① 수익은 실현되었거나 또는 실현가능한 시점에서 인식한다. 또한 수익은 가득과정이 완료되어야 인식된다.
③ 수익은 발생주의에 따라서 인식하고, 비용은 수익비용대응의 원칙에 따라 인식 한다.
④ 발생주의가 현금주의보다 경영성과를 더욱 잘 나타낸다.
06. ④ 장기할부판매의 경우 매출액도 현재가치로 환산하고, 매출채권 금액도 현재가치로 환산 한다.
07. ③ 상품을 인도한 시점에서 수익을 인식(자본의 증가)한다.

08. ②

수 익

전 기 미 수 익	–	전 기 선 수 액	700
손 익	48,000	수 입 액	(48,500)
당 기 선 수 액	1,200	당 기 미 수 익	–
	49,200		49,200

09. ③

비 용

기 초 선 급 액	–	기초미지급액	15,000
지 급 액	75,000	손익(당기분)	(85,000)
기말미지급액	25,000	기 말 선 급 액	–

10. ② ㉠ 기초자산(15,000,000) – 기초부채(5,000,000) = 기초자본(10,000,000)
㉡ 총수익(8,000,000) – 총비용(5,000,000) = 순이익(3,000,000)
㉢ 기말자본((13,000,000)) – 기초자본(10,000,000) = 순이익(3,000,000)
11. ㉠ 중간예납시 :(차)선급법인세 120,000 (대)현 금 120,000
㉡ 결 산 시 :(차)법인세비용 300,000 (대)선급법인세 120,000
미지급법인세 180,000
12. ② 매입아래 부가가치세대급금, 매출아래 부가가치세예수금이다.
13. ㉠ 매입시 : (차)매 입 110,000 (대)현 금 121,000
부가가치세대급금 11,000
㉡ 매출시 : (차)현 금 110,000 (대)매 출 100,000
부가가치세예수금 10,000
㉡ 매출시 : (차)부가가치세예수금 10,000 (대)부가가치세대급금 11,000
현 금 1,000
15. ㉠ 제1기 부가가치세 과세기간은 1/1 ~ 6/30까지이다.
㉡ (차) 부가가치세예수금 1,300 (대) 부가가치세대급금 1,000
현 금 300
16. ② 부가가치세 제1기 과세기간은 1/1 ~ 6/30까지이다.
17. ① 부가가치세대급(자산)과 부가가치세예수금(부채)이 증가한다.
18. ① 선일자수표는 약속어음과 동일하게 회계처리한다.
(차) 매 입 1,000,000 (대) 지급어음 1,100,000
부가가치세대급금 100,000
19. ① 명목가치증가액이 아니고, 실질가치 증가액을 말한다.

14 section 기말결산정리사항

기본문제

01.

NO	차변과목	금 액	대변과목	금 액
(1)	당기손익금융자산	1,000,000	당기손익금융자산평가이익	1,000,000
(2)	당기손익금융자산평가손실	400,000	당기손익금융자산	400,000
(3)	외화환산손실	1,000,000	장기차입금	1,000,000
(4)	외상매출금	300,000	외화환산이익	300,000
(5)	선급임차료	150,000	임차료	150,000
(6)	선급보험료	900,000	보험료	900,000
(7)	임대료	3,000,000	선수임대료	3,000,000
(8)	미수임대료	60,000	임대료	60,000
(9)	미수이자	520,000	이자수익	520,000
(10)	임차료	900,000	미지급임차료	900,000

검정문제

01 ④ 02 ④ 03 ③ 04 ④

[해설]

01. ④선급비용, 선수수익, 미수수익, 미지급비용은 결산 수정분개이다.

02. ㉠ 지급시 : (차)선급보험료 1,000,000 (대)현 금 1,000,000
㉡ 결산시 : (차)보 험 료 700,000 (대)선급보험료 700,000
보험료 지급시 자산(선급보험료계정)으로 처리했으면 보고기간 말의 결산정리분개는 경과분(당기분)을 보험료계정으로 대체한다.
지급액(1,000,000) − 선급분(300,000) = 경과분(700,000)

03. 08월 01일 (차)보 험 료 2,400,000 (대)현 금 2,400,000
12월 31일 (차)선급보험료 1,400,000 (대)보 험 료 1,200,000
2,400,000 × 7/12 = 1,400,000(선급분)

04. ㉠ 구입시 : (차)소 모 품 2,000,000 (대)현 금 2,000,000
㉡ 결산시 : (차)소모품비 1,700,000 (대)소 모 품 1,700,000
㉢ 구입시 자산(소모품)으로 처리한 경우, 결산시 사용액을 비용(소모품비)계정으로 대체 한다.

15 section 회계의 원칙

기본문제

01. (1) ⑦ (2) ④ (3) ① (4) ③

02. (1) 계속기업 (2) 역사적원가 (3) 현행원가

검정문제

01 ① 02 ④ 03 ② 04 ① 05 ③
06 ④ 07 ④ 08 ③ 09 ②

[해설]

01. ① 자산을 취득원가로 측정하는 기준은 역사적 원가 이고, 신뢰성이 있다.

02. ④ 연결재무제표 작성근거는 재무제표의 질적특성에서 신뢰성의 하부개념인 형식보다 실질의 우선의 대표적인 사례이다.

05. 회계공준(회계의 기본가정)
계속기업 : 재무제표는 일반적으로 기업이 장기간 존속하며, 예상가능한 기간 동안 영업을 계속할 것이라는 가정 하에 작성한다.

06. ④ 비용 − 수익비용대응의 원칙

07. ④ 반기 재무제표 작성 − 적시성

09. ② 재무제표 작성에 대한 책임은 경영진에게 있다.

16 section 재무제표

기본문제

01. (1) ① 재무상태표 ② 포괄손익계산서
③ 현금흐름표 ④ 자본변동표
⑤ 주석
(2) 부채, 자본
(3) 수익, 비용
(4) 영업활동, 재무활동
(5) 투자, 분배

02.
(1) 기능별 분류

포 괄 손 익 계 산 서

과 목	금 액
수익(매출액)	300,000
매출원가	(210,000)
매출총이익	90,000
판매비와관리비	(70,000)
영업이익	20,000
기타수익	10,000
기타비용	(5,000)
금융수익	20,000
금융원가	(30,000)
법인세비용차감전순이익	15,000
법인세비용	(5,000)
당기순이익	10,000
주당이익	1,000

(2) 성격별 분류

포 괄 손 익 계 산 서

과 목	금 액
수익(매출액)	300,000
상품의 변동	(10,000)
상품매입액	(200,000)
종업원급여비용	(20,000)
감가상각비와 기타상각비	(7,000)
기타의 영업비용	(43,000)
영업이익	20,000
기타수익	10,000
기타비용	(5,000)
금융수익	20,000
금융원가	(30,000)
법인세비용차감전순이익	15,000
법인세비용	(5,000)
당기순이익	10,000
주당이익	1,000

03.

재 무 상 태 표

회사명 제×기 20×2년 12월 31일 현재 / 제×기 20×1년 12월 31일 현재 (단위 : 원)

과 목	당 기	
자산		
유동자산		
현금및현금성자산	270,000	
매출채권및기타채권	147,000	
기타금융자산	100,000	
재고자산	200,000	
기타자산	30,000	
유동자산계	747,000	
비유동자산		
투자부동산	200,000	
유형자산	33,000	
무형자산	20,000	
비유동자산계	253,000	
자산총계	1,000,000	
부채		
유동부채		
매입채무	150,000	
기타금융부채	120,000	
기타부채	100,000	
유동부채계	370,000	
비유동부채		
금융부채	110,000	
비유동부채계	110,000	
부채총계	480,000	
자본		
납입자본	320,000	
이익잉여금	200,000	
자본총계	520,000	
부채 및 자본 총계	1,000,000	

(전기분생략)

검정문제

01 ④	02 ③	03 ④	04 ④	05 ③
06 ①	07 ①	08 ④	09 ②	10 ①
11 ④	12 ①	13 ①	14 ②	15 ①
16 ①	17 ①	18 ②	19 ④	20 ②
21 ①	22 ④	23 ②	24 ④	25 ①
26 ③	27 ④	28 ③	29 ②	30 ②

[해설]

01. ④ 재무제표에는 재무상태표, 포괄손익계산서, 현금흐름표, 자본변동표에 주석을 포함한다.

02. ③ 번은 현금주의 설명이다.

03. ④ 재무제표에 보고기간종료일 또는 회계기간은 생략할 수 없다.

04. ④ 주식할인발행차금계정은 자본으로 분류되므로 재무상태표에 표시된다.

05. ③ 토지, 건물, 건설중인자산은 유형자산이고, 산업재산권은 무형자산에 속한다.

06. ① 임차보증금은 기타비유동자산에 속한다.

07. ① 보증금 - 비유동자산 중 기타자산

08. ④ 자기주식은 자본계정이다.

09. ② 자산 중 무형자산은 물리적 형태가 없다.

10. ① 보기 ②번은 유형자산의 차감적 평가계정, 보기 ③번은 유형자산, 보기 ④번은 사채의 차감적 평가계정으로 재무상태표 계정이다.

11. ④ 금융자산은 자산으로 재무상태표 표시되는 항목이다.

12. ① 접대비(20,000) + 세금과공과(30,000) + 대손상각비(50,000) = 100,000

13. ① 금융원가(이자비용)는 판매비와관리비가 아니고 별도로 표시된다.

14. ② 특별손익항목은 기타(영업외)손익항목에 표시한다.

15. ① 총포괄손익은 회계기간 동안 발생한 모든 거래에서 인식한 자본의 변동에서 소유주와의 거래(증자, 감자, 자기주식, 배당 등)로 인한 자본변동의 효과를 제외한 것을 말한다.

16. ① 기능별 포괄손익계산서에서만 매출원가를 구분하고, 성격별 포괄손익계산서에서는 별도로 표시하지 않는다.

17. ①

포 괄 손 익 계 산 서

과 목	금 액
수익(매출액)	350,000
매출원가	(250,000)
매출총이익	100,000
판매비와관리비	(20,000)
영업이익	80,000
기타수익	4,000
기타비용	(5,000)
금융수익	
금융원가	
법인세비용차감전순이익	79,000
법인세비용	
당기순이익	79,000

18. ② 기타포괄손익금융자산평가손실은 자본(기타포괄손익누계액)이다.

포 괄 손 익 계 산 서

과 목	금 액
수 익 (매 출 액)	1,000,000
매 출 원 가	(400,000)
매 출 총 이 익	600,000
판 매 비 와 관 리 비	(150,000)
영 업 이 익	450,000
기 타 수 익	
기 타 비 용	(80,000)
금 융 수 익	
금 융 원 가	(20,000)
법 인 세 비 용 차 감 전 순 이 익	350,000
법 인 세 비 용	
당 기 순 이 익	350,000

19. ④ 당기손익으로 인식한다.
20. ② 매출할인을 매출액에서 차감하지 않으면 매출액이 커진만큼 매출총이익도 크고, 기타비용에서 차감하면 결국 당기순이익은 동일하게 나타난다.
21. ① 기업의 현금흐름에 관한 정보는 주로 현금흐름표를 통해 제공된다.
23. ① 현금흐름의 종류를 크게 영업활동과 투자활동과 재무활동으로 구분하여 보고한다.
    ③ 기업의 경영성과를 나타내는 보고서는 포괄손익계산서이다.
    ④ 직접법에 의한 작성과 간접법에 의한 작성에 있어서 영업현금흐름의 크기는 같다.
24. ④ 보기 ①②③번은 현금유출이 없는 비용으로 가산항목이고, 보기 ④번은 현금유입이 없는 수익으로 차감항목이다.
25. ① 영업활동 현금흐름

당기순이익		
현금유출이 없는 비용	(+)	감가상각비
	(+)	유형자산처분손실
현금유입이 없는 수익	(−)	유형자산처분이익
자산감소, 부채증가	(+)	외상매입금의 증가
자산증가, 부채감소	(−)	

26. ③ 보기 ③번은 재무활동이고, 보기 ①②④번은 영업활동이다.
27. ①②③번은 투자활동이고, ④번은 재무활동이다.
28. ③ 100,000 + (10,000 + 40,000) − 30,000 = 120,000
29. ② 당기순이익(20,000) + 감가상각비(3,000) + 무형자산상각비(2,000) − 사채상환이익(1,500) = 23,500
30. ② 200,000 + 50,000 − 10,000 − 12,000 = 228,000

17 section 재무보고를 위한 개념 체계

기본문제

01. (1) (O)　(2) (O)　(3) (×)

02. (1) ① (목적적합성)　② (충실한 표현)
    (2) ② (확인가치)　③ (중요성)
    (3) ① (완전한 서술)　② (중립적 서술)
    (4) ② (검증가능성)　④ (이해가능성)

03. (1) 역사적원가　(2) 발생주의
    (3) 완성기준　(4) 지분법

검정문제

01 ①　02 ②　03 ①　04 ④　05 ④

[해설]

01. ① 적시성은 보강적 질적 특성이다. 근본적 질적 특성 에는 목적적합성(예측가치, 확인가치, 중요성)과 충실한 표현(완전한 서술, 중립적 서술, 오류가 없는 서술) 등이 있다.
02. ② 충실한 표현이란 완전한 서술, 중립적 서술, 오류가 없는 서술을 말한다.
03. ① 목적적합한 재무정보는 정보이용자의 의사결정에 차이가 나도록 할 수 있다. 재무정보에 예측가치, 확인가치 또는 이 둘 모두가 있다면 의사결정에 차이가 나도록 할 수 있다.
04. ④ 중요성에 대한 설명이다.
05. ④ 중요성 원칙에 대한 설명이다.

Memo